U0495629

1 20世纪50年代于太原工作期间参加党校学习

2 20世纪80年代中期作者登长城

3 1996年夏与家人在黄河边

4 20世纪80年代作者于家中阅读书籍

1 1996年于济南趵突泉

2 2004年作者与妻子重返曾经工作过的天津市辛庄中学校门前

3 2012年于三亚

4 2016年与天津市辛庄中学73届三年二班部分学生游览开封时合影留念

1　2016年在新疆天池

2　2003年于九寨沟仙境

3　全家福（前排左一：二哥天护，中：母亲，右一：大哥天助；后排左一：弟弟亚伦，左二：作者，后排右一：姐姐淑琴，右二：三哥天佑）

4　兄弟情深（左一为作者，中间为三哥，右一为弟弟）

1　拥抱天空——在新疆禾木村

2　天伦之乐——与女儿、外孙和外孙女在北京郊游

3　与兄弟姐姐重返儿时居住的窑洞

4　2015年新年联欢会上与离退休教师们表演诗朗诵（左一为作者）

1 在知青旧居前开心舞刀

2 作者与妻子王桂兰游览乐山大佛

3 祖孙乐——与小孙女梓灵在西安鼓楼

4 祖孙乐——与孙女婧瑶摄于湖北丹江口

1 作者大学毕业照（最上排左三为作者）

2 作者与妻子王桂兰在济南漱玉泉

3 作者在厦门参加《中学生文苑》编辑会时发言

4 作者在电化教学中

天伦诗文选

周天伦 著

中原出版传媒集团
中原传媒股份有限公司
大象出版社
·郑州·

图书在版编目(CIP)数据

天伦诗文选 / 周天伦著. — 郑州：大象出版社，2021.11
ISBN 978-7-5711-1228-8

Ⅰ.①天… Ⅱ.①周… Ⅲ.①中学语文课-教学研究-文集②诗词-作品集-中国-当代 Ⅳ.①G633.302-53②I227

中国版本图书馆 CIP 数据核字(2021)第 212699 号

天伦诗文选
TIANLUN SHIWENXUAN

周天伦　著

出 版 人	汪林中
责任编辑	李建平
责任校对	安德华
装帧设计	王莉娟

出版发行	大象出版社（郑州市郑东新区祥盛街 27 号　邮政编码 450016）
	发行科　0371-63863551　总编室　0371-65597936
网　　址	www.daxiang.cn
印　　刷	河南瑞之光印刷股份有限公司
经　　销	各地新华书店经销
开　　本	720 mm×1020 mm　1/16
印　　张	15.25
字　　数	224 千字
版　　次	2021 年 11 月第 1 版　2021 年 11 月第 1 次印刷
定　　价	50.00 元

若发现印、装质量问题，影响阅读，请与承印厂联系调换。
印厂地址　武陟县产业集聚区东区（詹店镇）泰安路与昌平路交叉口
邮政编码　454950　　　　电话　0371-63956290

写给永远的周老师

张孝昇

尚未落笔泪先流,寸管难表愧疚心。周天伦老师在四个月前托我为他的书写序,我因事忙却耽搁了,虽一直惦记此事,但未曾去面见周老师,也未曾动笔写序。公元2020年12月27日,惊闻周天伦老师驾鹤仙游,悲痛难忍,悔不该因我之故没让周老师生前见到他写的书,深深自责,悔恨不已。

当年作为青年教师,第一次听周老师讲课是在20世纪90年代初,再有几年就要退休的周老师正在利用当时先进的电化教学进行教学改革,手写的幻灯片,以"问题教学法"进行课堂教学……我被与时俱进、理念常新的周老师的风采深深吸引住了。后来学校组织教工篮球赛,周老师又登场比赛,表现出了精湛的球技,才知道周老师上大学时是学校篮球队的队员。现在还记得周老师当时因为比赛骨折了,为了不耽误学生的学习,周老师每天让他的儿子用三轮车把他推到教室上课的情景。

真正跟着周老师当徒弟是1993年。我与周老师共同教一个年级的语文课,我几乎每节课都听周老师的课,周老师也认认真真指导我的教学,周老师的治学、教学对我影响很大。不仅在教学理念上不断更新,而且将自己的教育教学思想写成论文参加省市的论文比赛。周老师一心为了党的教育事业,直到1995年10月退休时才停止教学。周老师的谆谆教导,至今仍历历在目。当年学校组织教师普通话培训,周老师给全校教师进行培训讲课,周老师用他渊博的知识、抑扬顿挫的语调,讲方言与普通话的区别,令全体参训教师赞叹不已。

周老师退休后担任离退休党支部的书记,当他发现老师们的医保有点问题时,就不辞辛苦,用老年代步车带着老伴王桂兰老师多次去省医保中心咨询争取,直到把全校老师的医保解决好为止,至今全校老师仍然享受着周老师为大家争取到的医保福利。在2015年全校教职工元旦联欢晚会上,年逾八十的周老师带领离退休老师表演了诗朗诵,很多青年教师都记住了围着红围巾激情四射的周天伦老师。河南省实验中学建校六十周年,周老师笔耕不辍,写下了几万字的电化教学回忆录,并捐出了保存多年的实验中学作文改革杂志《中学生文苑》,留下了珍贵的文字和实物资料。

人生就是短短几十年,人和人之间的缘分更短。我与周老师之交尽管只有30年,周老师的治学态度却使我终身受益,周老师的高尚人格令我终身敬仰,周老师对教学事业的忠诚令后进者奉为楷模。

回忆和爱不会因生命终止而消失,只要有人怀念,就不算真正离开。读着周老师写的书就如同在和周老师交流,周老师永远活在我们心中!

2021年1月4日

(张孝昇,河南省实验中学省级骨干教师,河南省学术技术带头人,曾荣获河南省教学技能竞赛一等奖。长期在河南省实验中学从事语文教学,带出过多名高考状元,是本书作者周天伦的同事及好友)

我的父亲

周文鹏

父亲离开我们已二月有余,生活虽渐趋平静,然哀思却与日俱增,为父亲写一篇追思的想法也愈加强烈,终于起笔于一个万籁俱寂的深夜。随着笔落纸上,父亲的音容笑貌和生活点滴又渐渐清晰于眼前,不由得心念百转,泪湿胸襟。

父亲出生于20世纪30年代,一生经历过战乱、饥荒和政治运动等多种磨难,但我却几乎没有听到过他对那些苦难日子的抱怨,记忆中的父亲总是乐呵呵地与我们姐弟分享他孩提时的趣事:帮受欺负的弟弟打架,事后被我奶奶拎着双脚倒提到井口边训斥;为了能混进戏楼听戏,曾经叔叔大爷认了无数;在旧社会犹如"少年牢狱"般的救济院与恶教官斗智斗勇;在"少年曲剧团"唱主角,"军乐队"里做鼓手……说起这些事情的时候,他的眼中放着光,好似童年生活在天堂,而不是那个战乱频仍、忍饥挨冻的乱世。

即便童年生活艰辛,父亲却从未停止学习和提升自己。从一个旧社会要靠救济院才能生存下来的穷小子,成长为正规大学毕业的知识分子,这一路付出的艰辛远非如今衣食无忧的我们所能想象。这其中固然有我奶奶——一个具有中华民族传统美德的普通母亲对文化人最朴素的尊敬和传扬,亦有少年持重的大伯和二伯对弟弟妹妹们无私的奉献和照顾,甚至是社会变革给普通阶层改变命运带来的客观契机等诸多因素,但更为重要的应该还是源于父亲自始至终热爱生活、心存美好、追求进步的信念。"我这一辈子就是力争上游!"这是父亲生前常在我面前提起的一句话。秉持着这样的人生准则,他在学生生涯中是最努力的佼佼者,无论学业、社团活动还是体育运动都名列前茅;秉持着这样的人生准则,他在每个工作单位中都是优秀的模范标兵,是学生心中最可信赖的师长和朋友,是同事眼中最可依靠的业务伙伴。甚至在一些生活小事上也能体现出父亲这种要强的性格。20世纪70年代,父亲和母亲省吃俭用购置了一辆飞鸽牌28重梁自行车,父亲经常骑着它往返几十公里奔往天津市区内看戏。那时他年轻气盛,骑行在宽阔的马路上,竟然突发兴致,与四个轮子的汽车赛起跑来,结果自然可想而知,除了一身大汗和满脸尘土,就只收获了四个轮子加速远去的背影,父亲这次挑战可谓完败。每当父亲眉飞色舞地讲起这段往事,我们全家总会忍俊不禁。

但生活的重担不会只因美好的愿望就减轻。20世纪80年代,父亲人届中年,各种压力日渐沉重。他工作上一丝不苟,常年带高三毕业班,备课、批改作业经常熬至凌晨,为了多挣些钱贴补家用,又在外同时教了两个夜班函授课程,年近五旬的他常常要蹬着自行车奔行几十公里,往返于几个教课地点。在这样重度透支身体的状态下,父亲曾经在一个函授夜班因极度困倦而晕倒在讲台上,其后更是连续咳血月余引发支气管扩张,送往医院抢救,差点丢了性命。可即便如此,父亲康复出院后仍然兢兢业业地投入到教学工作中,在80年代和90年代他相继教出了茹建、王锦、方为民等高考状元和全国奥赛冠军,由他担任班主任的高三毕业班升学率也总是省内前几名。他对学生课余文化生活也很关心,常会组织郊游等集体活动,每次班级元旦联欢会他都会全程参与,兴之所至时会激情澎湃地表演一段诗歌朗诵;他对学生的人格十分尊重,从不自诩师长而居高临下地批评人,在指出学生错误的时候总会非常耐心,注重保护学生的自尊心,这样亦师亦友的沟通态度让他赢得了学生发自内心的尊敬,甚至是感动。在整理父亲遗物时,我偶然发现了一张学生寄给他的明信片。那斑驳发黄的纸笺上娟秀的字体仍清晰可见:"周老师,我曾经以为初中时的张老师是唯一能令我感动的老师,没想到高中又遇到了您,您不仅教会了我知识,更在生活上关心我,使我懂得了很多做人的道理,我是如此幸运能够遇到两位这样好的老师。"类似的信笺在父亲几十年的从教生涯中一定绝非个例,而能得到学生如此的尊敬和爱戴,也是对父亲作为人类灵魂工程师最大的肯定了。传道,授业,解惑,师者之道,父亲应该算是做到了吧。

父亲重亲情。1980年他任天津市辛庄中学教导处主任,从职业规划的角度看,正是上升期,但因思念母亲和家乡的亲人,他毅然携全家自津返豫,在一个新的环境从零开始,只为了离年迈的母亲近些,能够多尽孝道。1997年父母送我去天津上大学,恰逢我母亲在天津的亲外甥患重症急需做左肾切除手术,除了财物帮助外,父亲还多次去医院找医生沟通手术方案,务求最大程度减少手术隐患和伤害,同时与母亲帮着照料外甥家中琐事。在父亲和母亲的帮助下,外甥的手术非常成功,没有留下任何后遗症,也比较顺利地度过了住院恢复的困难期。

父亲重友情。作为省级重点中学的知名教师,父亲在职时就常有朋友,甚或是朋友的朋友请他帮忙给孩子补课,这时父亲总会毫无保留地给予帮助,抽出空余时间给朋友孩子做指导。我的一个同班女同学就是这样的情况。那时她甚至时常来我家吃午饭,饭后父亲会拿出一两个小时的时间帮她分析古文,学习写作方法。这场景有时都会使我心生嫉妒:"这女孩是谁啊,我爸对我都没这么开过小灶!"而父亲对这样的帮助是从不会和金钱挂钩的,至多是朋友逢年过节提着一些鸡蛋等土特产来家中感谢。还记得有一位当时在面厂工作的朋友,国庆时给我家送来了两麻袋没有外包装的方便面,适逢我长身体食欲旺的年纪,那之后的几个月,或干吃,或煮食,我是过足了面瘾。

父亲脾气温和,极有涵养,很少发脾气。有时和母亲因生活琐事产生争执,父亲虽会在不耐烦的时候脱口而出"行了,别说了"等话语,甚至赌气似的敲敲锅铲,但争执中他永远会是主动闭嘴,先恢复冷静的那个人。因此我们家中虽然也时有金属撞击之音,但从无钟鼓齐鸣、鸡飞狗跳之像,留给近邻们深刻印象的永远是我们家在整个小区中最大最多的欢笑声,以及门前悬挂的红色标牌:五好家庭!父亲也从未对我们姐弟三人发过火,不管我们年幼时如何调皮捣蛋,少年时如何叛逆不羁,父亲教育我们时总是以平和的语调、谈心的方式来沟通,用他自己的话说:"这叫以理服人!"我的母亲由于工作任务同样颇为繁重,又要操持家务,照料子女生活,有时会急躁发火。我至今仍清晰记得,刚上初一时有一次贪玩晚自习翘课,回到家被母亲发现后又因害怕受罚说了谎话,当时母亲铁青着脸,把我拽到床上,扒掉裤子,用木质晾衣杆狠狠教训了一番。其实我当时的皮肉之痛并不十分难熬,想是母亲也不舍得下死手,但平生第一次也是唯一一次体罚带来的惊恐还是让我哇哇乱叫、涕泪横流。而父亲当时未发一言,只斜靠在门框上。我偷眼看去,随着母亲的木衣杆每次挥落而下和我的惨叫声,父亲的身体犹如条件反射般抖动,而我的惨叫声越大,父亲身体颤抖的幅度也越大,这场景令当时满面泪痕的我心中竟莫名冒出了一丝笑意。惩罚完毕后,母亲尚余怒未消,父亲则抢步而上,帮我提上裤子,边提边说:"好了啊,以后别再逃课了,更别说谎了,饿了不?出来吃点东西吧。"我至今仍感激那晚母亲的严厉教导和父亲事后的安抚,它让我没有养成撒谎逃避的恶习,而这使我受益终生。

  当然,父亲也绝非一味忍让的好好先生。在涉及工作标准和做人原则等事情时,他永远会据理力争,毫不退缩。我还记得高中某日经过教师办公室,恰值父亲在与同事争论工作,拔高的声调和严肃的表情像是变了一个人,虽然双方不会如菜市场那般撸胳膊挽袖子,但彼时的唇枪舌剑,火星四溅,也委实精彩至极。后来听姐姐和哥哥说起,原来他们也都见到过父亲如此的表现。但神奇的是,这样的争论却从未影响过父亲的同事关系,几个曾与他争论很激烈的同事反而始终是关系最紧密的。如今看来,不难理解,当是坦荡遇磊落。

  父亲一生热爱生活,爱好极广。除了自幼钟爱的戏曲,他还喜欢各类体育运动,尤其是三大球类。上大学时他是校篮球队成员,运球传球颇有专业风采;80年代女排5连冠时他激动地在沙发上手足并舞,犹如孩童;90年代接触了足球后,国内国际的大赛他就再也不曾错过,甚至2018年世界杯时,年过八旬的他熬夜看的比赛直播甚至比我还要多。而乒乓球、网球、台球等竞技运动他也常有涉猎,甚至有时会为了一场比赛结果的不如意生气骂街,我在旁劝慰时心下却也暗笑,真是一个童心未泯的顽童老爸。父亲对影视也有着浓厚兴趣,年轻时对很多经典电影和演员简直如数家珍,退休后时间充裕,更是很多央视热播剧的忠实粉丝。如果你和他提起某部热播剧或当红明星,那滔滔不绝的样子甚至会让你觉得面对的不是一个苍苍老者,而是一个蓬勃少年。近十年互联网经济飞速发展,许多新鲜事物令众多中老年人应对不暇,而父亲在2016年以八旬高龄掌握了微信聊天、支付宝移动支付、网订外卖等IT新生代技能,出行就餐与我抢着买单,就为了体验移动支付的快感,每日在微信群内和从前的学生们互动,聊得热火朝天,这些都极大丰富了他的晚年生活。父亲能呈现出如此的特质,与他良好的学习习惯密不可分。他几十年如一日坚持读报:《大河报》《参考消息》《中国电视报》《环球文摘》等报刊他每日必读,遇到好的文章还要批注留存,除此以外还坚持写日记,这些都使他能够时刻与时代接轨,也从另一面佐证着父亲一生力争上游,努力提升自己,热爱生活等诸多品质。

父亲退休后也并未只顾着在自己那一片小天地里颐养天年,他仍尽可能地发挥着余热。他多次担任省实验中学离退休党支部书记,在任期间为离退休老师们组织了多项有益活动,也积极配合学校的相关工作,得到一致好评,以至于父亲几次请辞书记一职都被大家重新选举上。2010年前后他知悉学校教职工医保报销政策执行有瑕疵,导致老师们住院等报销比例偏低,就主动担负起与主管部门的沟通工作,七十多岁的父亲跑了省医保中心多次,最终完美解决此事,使全校教职工都从此受益。父亲生前提起此事也是颇为自得,觉得老有所用,为大家办了一件大好事。

在父亲百年后,虽然预料到因职业的特性,会有他的学生进行缅怀和哀悼,但为父亲守灵的那几日仍然令我惊诧。时值新冠疫情,我们本打算低调处理,但省实验中学1989届高中毕业班的学生不知从何得知父亲去世的消息,自发来了好几拨人悼念,在外地无法赶回郑州的学生也通过快递发送鲜花寄托哀思,甚至有一位女同学在父亲火化之日才得知消息,却依然赶往未撤的灵堂,只为给老师上一支香。而2016年曾来郑州探望父亲的天津市辛庄中学1973届三年二班的学生们得知噩耗,更是全班哀声一片,甚至欲连夜集体搭车从天津赶往郑州奔丧,他们对父亲如此深重的情义令我感动和震惊。父亲生前的同事虽限于疫情,无法大规模来灵堂悼念,但仍有很多老师或代表学校,或代表个人前来家中吊唁。其中一位老教师给我留下的印象极深。她拖着并不灵便的双腿,气喘吁吁爬上我家三楼,双手合十,在父亲灵前深深鞠了一躬,然后微抖着双唇,在尚未调匀的呼吸中只低沉地说了一句话:"周老师,好人啊。你和王老师都是好人啊。"好人,一个简简单单的词,却分量极重。它是很多人终其一生不可能得到的评价,却是父亲和母亲在所有熟识的亲人、朋友、学生中共同的认知,他们用自己的善良、真诚、坦诚和热诚得到了他人的敬重,体现了为人者最高的价值。我为自己有这样的父母而自豪!

  人生总是充满着遗憾。父亲生前一直在准备自己的回忆录,还曾计划去欧洲、美洲旅游,领略世间美好的景色和人文;哥哥和我在父亲确诊重症后自责不已,内疚于近在父亲身边,却没有尽好孝道;而身在异国的姐姐更是心痛自己在父亲最后几年中远走他乡,从此给父亲一个温暖的拥抱只能实现于梦中。但这就是人生,前行在并不完美的世间,享受阳光,也接纳冰雪,要在坎坷的历练中让自己不断成长和完善,坦然接受生活给予的一切,并热爱它。这正是父亲留给我们姐弟三人最宝贵的财富。

  也许有缺憾的人生才是真正完美的人生。

  愿父亲和母亲在天堂快乐!

  愿普天之下所有像父亲母亲一样平凡的好人,一生平安!

2021年3月1日夜

目 录

文章篇

兴趣是从学习中培养出来的 ……………………………………………… 2

淘水井
　　——童年忆事 …………………………………………………………… 4

勇敢两少年 ………………………………………………………………… 6

满园春花溢馨香
　　——省实验中学体育活动散记 ………………………………………… 8

纵横学海，如驾轻舟
　　——记我市高考外语专业女状元茹建 ………………………………… 11

宝剑锋从磨砺出
　　——记全国数学竞赛第二名、省实验中学学生方为民 ……………… 12

基础扎实，稳操胜券
　　——记全省外语类高考冠军、省实验中学学生王锦 ………………… 14

虎牢关下的一支农家劲旅
　　——记农民企业家周文昌和他的伙伴们 ……………………………… 16

努力为国争光，热诚为民服务
　　——记解放军信息工程学院高级工程师薛永碧 ……………………… 19

慈母挽歌 …………………………………………………………………… 21

穷小子偏爱看京戏 ………………………………………………………… 23

菊海采英 …………………………………………………………………… 26

傲霜斗寒，永葆青春	28
投鼠忌器，猛虎逞威	
——略评长篇小说《攻克汴京》	30
斗方一张映情操	37
咏物诗的丰碑	
——读屈原《橘颂》	38
《兵车行》译析	42
既非最好，也非糟糕	
——我看《笑傲江湖》	45
植树风波	47
丢薪之后	54
大中原畅想曲	
——献给党的十八大	57
"模仿"与"抄袭"	58
略谈学习普通话	60
自拟文题四忌	61
把握规律，提高能力	63
说排比，找错因	70
怎样使语言简洁	72
接触自然，走向社会	75
三十年语文教学的新篇章	78
运用电教手段，配合语文教学	81
全局在胸，各个击破	
——综合阅读测试解题方法略谈	84
解词十法	87
改革高三语文复习的几点做法	89

潇洒自信,不亦乐乎

　　——《高三不孤独》读后 ……………………………… 91

托物寄情,触景感悟

　　——《悟》赏析 ………………………………………… 95

中考作文训练指导设计 ……………………………………… 98

高考作文五要领 …………………………………………… 106

中学文言诗、文书名探源 ………………………………… 110

授业传道,潜移默化

　　——我是怎样在语文教学中渗透德育的 …………… 120

长兄为父,姐弟榜样

　　——大哥印象 …………………………………………… 125

心灵手巧,自学成才

　　——二哥印象 …………………………………………… 128

诗词篇

观菊展 ……………………………………………………… 132

《义不容情》人物谱 ……………………………………… 133

外孙满月宴 ………………………………………………… 134

文林、长春婚宴赋诗两首 ………………………………… 135

姐姐七十大寿席上赋诗 …………………………………… 136

七律·孙女婧瑶出生赋 …………………………………… 137

砥柱歌

　　——纪念建党70周年 …………………………………… 138

党颂六首

　　——纪念建党90周年 …………………………………… 139

九寨沟 ……………………………………………………… 141

游黄龙 ……………………………………………………… 142

杜甫草堂	143
武侯祠	144
乐山大佛	145
峨眉山	146
都江堰	147
七律·国庆六十周年	148
捣练子·鬼谷子	149
捣练子·古灵山	150
南歌子·黑龙滩水库	151
喜春来·贺苏兰芳获奖	152
卖花声·怀念河南戏剧大师常香玉、张新芳、申凤梅	153
雅典奥运诗抄(四首)	154
贺李娜法网夺冠	156
添字采桑子·贺海峡组合彭帅、谢淑薇法网女双夺冠	157
满庭芳·贺中国女排荣获2015世界杯冠军	158
满江红·甲午战争120周年祭	159
清平乐·喜相逢	160
蝶恋花·爱妻桂兰五七祭	161
东北抗联英雄谱(四首)	162
满江红·纪念中国人民抗日战争暨世界反法西斯战争胜利70周年	163
即兴诗三首	165
读秋香《随感细语》有感	166
水调歌头·读秋香新作《心弦之音》	167
江城子·祝贺神舟十一号和天宫二号载人飞行任务圆满成功	168
七律·赞学玉琴活动	169
赞六盘江大桥	170
十六字令·桥(两首)	171

十六字令三首·天津美 ·· 172

清平乐·咏北京夜景
　　——点赞康艳艳视频《一带一路时间下的北京夜景》············· 173

鹧鸪天·题白鸥《郑州夜景》·· 174

沪昆高铁咏
　　——点评韩松帖频《沪昆高铁今日正式运行》····················· 175

如梦令·题白鸥《亮丽开封》·· 176

咏黄鹤楼
　　——点评文林照片 ··· 177

阅兵朱日和
　　——点评韩松转帖视频 ··· 178

夜闯秦岭（两首）··· 179

剑门关 ··· 180

退休铭 ··· 181

十六字令（两首）
　　——点评韩松帖频《人民日报1946—2003资料库》············ 182

浣溪沙·题东北雪乡
　　——点评陈淑华视频《中国东北雪乡》 ································ 183

鹧鸪天·咏赞施一公 ··· 184

清平乐·题女儿家照 ··· 185

春宵曲·咏孙女表演
　　——点评孙女梓灵过年包饺子打面仗 ···································· 186

亲人咏 ··· 187

忆江南·观2月18日央视《经典咏流传》有感 ····················· 188

捣练子·夸牡丹 ·· 189

咏牡丹 ··· 190

第二故乡行
　　——点评刘振新转帖频《辛庄镇一村一拍》……………………… 191

渔歌子·承诺
　　——点评2018年5月2日中央电视台《欢乐中国人》节目 ………… 194

赞舞神陈爱莲
　　——点评鲁菊梅帖频《78岁老奶奶跳〈天路〉,太优雅,太美……》……… 195

咏赞无龄感
　　——点评刘复兴转帖《刚出来的一个新词——无龄感》…………… 196

说戏
　　——点评韩松转帖《读点有趣诗,做个有趣人》…………………… 197

浣溪沙·赞叶嘉莹先生
　　——点评韩松转帖《94岁裸捐1857万,她是中国最后一个穿裙子的先生》
　　………………………………………………………………………… 198

赞《老年儿歌》
　　——点评陈淑华转帖《老年儿歌》…………………………………… 199

乔羽赞歌
　　——点评韩松转帖《这位感动中国人60年的91岁词神》………… 200

如梦令·姊游北海
　　——为甥女笑冰陪伴其母游北海公园题照………………………… 201

一点春·坝上咏
　　——点赞韩松帖频《天津直达坝上的旅游专线开通》……………… 202

家庭聚餐口占 ……………………………………………………………… 203

川豫行(五首) ……………………………………………………………… 204

改革颂 ……………………………………………………………………… 206

叠字诗仿作三首
　　——点评韩松帖《这些叠字诗,让人忍不住想背下来》…………… 207

谢敏生 ······ 208

自勉 ······ 209

赞《诫子书》
　　——点评韩松转帖《诸葛亮教子书纳入七年级语文课》······ 210

河南吟（两首）
　　——点赞笑冰转帖《老家河南》······ 211

黄金人生
　　——读韩松转帖《为什么说60岁后的20年是黄金时代？》有感······ 213

己亥清明题姐照 ······ 214

壶口瀑布 ······ 215

知青旧居 ······ 216

南泥湾 ······ 217

延安颂 ······ 218

兄嫂金婚咏 ······ 219

沁园春·欢庆国庆七十周年 ······ 220

浪淘沙·斗癌 ······ 222

江城子·赞钟南山、李兰娟 ······ 223

无题 ······ 224

十六字令·题"地月合影"（三首） ······ 225

文章篇

兴趣是从学习中培养出来的

我到华北财经学校学习已经一年了。一年来,由于党和老师们对我的培养和教导,我不仅认识到财经工作在祖国建设中的重要性,也无限热爱我的专业,我决心为祖国的财经工作贡献出毕生的力量。

刚入学时,我对财经工作是没有足够认识的,我只认为财经工作是一件枯燥简单的工作,不过是打打算盘、记记数字、数数票子、查查账目而已。再加上我对张家口的气候过不惯,又恐怕将来毕业后分配到"偏僻"的张家口专区北部去,因此,背上了沉重的思想包袱,一心想去念高中,将来考大学。这个思想始终憋在脑子里没有勇气跟领导谈,因此,我每天愁眉不展,在课堂听讲不能专心,自习作业时敷衍时间。后来我把这事写信告诉给哥哥,企图得到他的同情,支持我的转学行动。可是,哥哥回信却批评了我一顿,说我不安心学习是一种看不清祖国和自己的美丽前途的错误思想。看了他的信,我思想斗争了很长时间,看看今天,望望明天,发现我的思想确实是错误的。我是个共青团员,应当服从祖国的需要和分配,不应当胡思乱想,应该安下心来好好学习。我又想起班主任对我说的话:"兴趣是从学习中培养出来的。安心学习吧!当你逐渐对财经工作有了了解和认识的时候,你就不会不愿意学了。"思想包袱算是基本上卸下了,我开始安定下来。

安心学习的结果是,我逐渐对财经工作有了认识,有了兴趣,感到财经工作的确是一件既重要又极有趣味的工作。

我在财校是学会计的,从会计工作中,可以看出我们的钱是怎样花的,又是怎样收进来的,花出去和收进来的时间多长,如果太长,即应当加速资金周转,拿原来办一个工厂的钱去办更多的工厂,为国家创造更多的财富。同时从会计工作中也可看出我们企业经营是赔是赚,如果赔了,赔在什么地方,我们便可研究出对策,化赔为赚,为国家积累建设资金,加速经济建设过程。所以我每次做习题时,都非常细心、谨慎,尽量不出一笔差错。因为我知道,将来到了实际工作岗位以后,如果记错一笔账,给国家带来的损失将是不可想象的。

还有一年我就要毕业了,今后我要加倍努力,学好财经专业,为国家经济建设事业贡献出我所有的力量。

发表于1953年11月2日《张宣日报》

淘水井
——童年忆事

1949年,14岁的我刚上初中。为减轻家庭经济负担,每到星期天,我便拼命地挑水卖水。当时一挑水大约可挣现在的一角钱。一天挑上四五十挑,就可得到四五元钱。那时开封市的居民吃的还是井水。我挑水的地方在省府后街,群英幼儿园的对面。水井比较深,井口距水面有10米左右。打水得用小水桶一桶桶地提上来,八小桶倒满一挑。有天上午十点来钟,正是打水高峰,水位较低。有三个人同时摆桶打水,我被挤在井的一隅,小水桶摆了两摆,松绳一扣,刚要上提,只听咔嚓一声响——坏了,凭直觉我知道是撞掉了井底的苦水眼儿盖儿。

"小家伙你咋搞的!快回去跟你家大人说,要么拿来二十块钱,要么自己找人把井水淘净把苦水眼儿盖儿盖好。"水井管理员轻轻拍着我的脑袋说。

我当然要自己找人淘。二十块,我一个月四个星期天玩命才能挣到这个数,谁舍得?我一路小跑,奔到行宫角北边儿一家白铁铺,见着铁匠史大哥把事一说,史大哥一拍胸脯道:"这事儿好办,难不住咱!"转身对正蹲着叮叮咣咣敲打着一块白铁的小徒弟说:"小虎儿,活儿先放下,到对门酒馆儿打二两白酒来,咱们一块儿帮我这位老弟淘井去。"转过脸又对我说:"小周兄弟你赶紧回家拿件破棉袄,在恁家门口路边等着我。我现在找熟人借几样淘井的用具。"

史大哥二十来岁,长方脸,中等身材,浑身肌肉健壮鼓满,平时爱看也爱打篮球。我跟他就是在篮球场上结识的。我和我妈妈刚到路边,就看见小虎拉着一辆架子车从不远的南边过来,跟在车后的史大哥向我扬起了右臂。我迎着车子跑过去替下小虎拉起车子,车上放着三棵木桩、一个滑轮、一把钳子、一盘铁丝、一个柳条筐、一条粗麻绳。到了水井跟前,小虎和我打下手,史大哥三下五除二手脚麻利地把三棵木桩子捆在井口,吊紧滑轮,搭上桶绳,哗啦啦水桶下到水面,啪啪摆满水桶,刺溜溜水桶窜上井沿,哗的一声水泼进井旁水沟……史大哥脱下中式对襟夹袄,只穿着红秋衣,头冒热气,汗流浃背,不停地放绳拉桶,我和小虎轮流站立井口边翻桶倾倒,就这样连续奋战半小时左右,终于将井水淘净。史大哥赶紧换搭上粗麻绳,勾上柳条筐,叫小虎准备下井,我说:"我身子轻,我下吧。"史大哥说:"好!小周兄弟你穿上棉袄,喝几口白酒再下。"我说我不会喝酒,史大哥讲不会喝也得喝,少喝点儿也行,因为井内太凉,免得冻出毛病。我二话没说,一仰脖咕嘟喝了两口,迅即拽住绳子蹲进柳筐,下到井底,抓起苦水眼儿盖儿盖好拧紧,顺便还拣起三个不知是谁家的掉沉到井底的小圆铁水桶放进筐内,升至井口,我妈妈和小虎两人接应,我跳出筐子。大功告成,史大哥、我和小虎三人高兴地抱在一起,母亲左手夹着我的破棉袄,右手提着一个绿铁茶壶,面带微笑地望着我们。

返回路过我家门口,母亲请史大哥进来吃午饭,史大哥说什么也不肯。我们母子俩站在路边,手搭凉棚,凝望着史大哥师徒俩渐渐远去的身影。

1954年1月

勇敢两少年

5月9日，天空满布云层，大风呼呼吹过。横贯白塘口村的河水，波浪滚滚。上午9时许，10岁的小姑娘刘淑英，领着7岁的妹妹淑敏，背着4岁的弟弟淑华去白塘口买煤回来。他们走到河边，从狭窄的跳板经过。刚好走到跳板当中，忽然一脚踩空，姐弟俩身子失去平衡，扑通一声掉入河中。10岁的小姑娘淑英忘记了一切，把弟弟紧紧背住使劲挣扎着浮出水面，哭喊呼救。但是，一个波浪打来，哭喊声消失，姐弟俩又沉入水下……

正在这千钧一发之际，站在附近河边看修桥的前辛庄中学初一四班的少先队员李海槐，隐约听到了呼救声，猛回头，看见河中有个在挣扎着露出一下面颊的小姑娘，忙向正在河边玩的本班同学赵长春急喊一声："赵长春，快来！"便箭似的飞跑向小孩落水的地方。他过去常在这条河里游泳，知道河水很深，水流也急。他顾不得脱衣服和鞋子，一个弹跳扎入水中，急向河中游去。忽然，他的小腹碰着了小女孩的头部。啊！小女孩两臂后勒，还背着一个小男孩呀！于是，他拿出平时学会的游泳本领，两脚蹬水，右手扶着小女孩肩膀，左手托着小男孩臀部，浮出水面向岸边游去。这时，李海槐的腿上已经缠了不少杂草，波浪击头，又要护住两个人，每游一下都要花费很大的力气。他一边呼喊赵长春，一边以顽强的意志坚持着……

就在这时，赵长春也奔到了岸边，一看这个紧张场面，也马上跳入河中，一边高喊："海槐，坚持住！我来啦！"他使劲向前游去，一会儿便游到李海槐跟前。于是，两人分开左右，一手扶人，一手划水，朝岸边游去。游到了岸边，两人力气已竭，又加上河坡陡滑，几次都未能把淑英姐弟俩推上岸去。

这时，正在河上修桥的上小汀生产大队民兵连长王克礼、唐庄子生产大队贫协主席杨宝云和社员马玉春也赶到了,先后把他们拉到岸上。

淑英的父亲刘广惠收工回家后,听说了事情经过,心里十分感激,当天晚上就给学校打了电话,感谢这两个学生救了他两个孩子的命。

李海槐和赵长春都是贫农的儿子。他们这种舍己救人的英勇行为,受到了生产队和学校的表扬。

发表于1965年6月1日《天津日报》

满园春花溢馨香
——省实验中学体育活动散记

实验花圃育群芳,匠翁整枝耕作忙。

春风化雨沁心脾,满园春花溢馨香。

省实验中学自1957年建校以来,在市、省、全国中学生运动会中多次取得优异的成绩:1957至1976年连续十三次获得郑州市中学生运动会团体总分第一名;1979年获得全国重点中学田径通讯赛总分第六名;校女篮连续七次获得全市冠军,两次获得全省冠军,1980年获得全国中学生女篮赛岳阳赛区第三名;李岩、孙小平、吕玉芳、聂银娣等同学先后打破了省中学生男子跳高、女子跳高、女子跳远、女子200米跨栏纪录。

学校一向坚持"两课、两操、两活动和两会"的制度,即每周要上两节体育课,搞两次课外活动,每天要做早操和课间操,每年春季和秋季举行运动会。每天清晨,东方欲晓,喇叭声响,脚步杂沓,操场上奔腾着长跑的人群。每天上午第二节课后,操场中央排列出整齐的方阵,全校师生随着清脆嘹亮的乐曲做起广播操。每天下午第二节课后,丰富多彩的课外活动便开始了:空旷的草坪上,不是接力赛,就是足球赛;平坦的跑道上,交错进行着100米、800米或1500米测验;操场两端沙坑前,一边在急行跳远,一边在腾空跃杆;操场外围,有的在攀单杠、双杠,有的在飞跳山羊,有的在垫子上前滚翻,有的在跳绳,有的在拔河;联合架下,登云梯,荡秋千,攀爬杆,甩吊环;篮、排球场和乒乓球台上,在进行班级、小组或个人之间的友谊比赛……参加各项竞赛或达标测验的同学们一个个生龙活虎、争先恐后地顽强拼搏。

1980年,实验中学全校学生的体育达标率为53.3%,有些班级的达标率竟至

20世纪80年代后期与河南省实验中学同事们在校园内合影

70%多,被评为河南省体育达标先进单位。

校领导对体育活动十分重视,规定:凡是体育成绩达不到"良好"者,不能被评为"三好"生。班主任老师们对本班同学达标情况都有专册记载。董治国老师所任班级,历年来达标率总是比较高,运动会中成绩总是名列前茅。他年逾半百,但他每天早起都要和同学们一块到操场跑上数圈。每半月左右,他都要亲自测验一次同学们的达标项目。每学期运动会一结束,他就定人定项,为下一学期的运动会做好具体的安排。谢芳、陶小渊、侯志民、李小扬等同学初一入学时身体素质都较差,在董老师不断的督促、鼓励下,这些同学刻苦锻炼,持之以恒,后来都达到了标准,并且在运动会中取得了名次。

园丁辛勤浇灌,春花争芳斗艳。校田径运动队队员、学生会副主席、班长常林朝同学,不仅体育成绩优异,而且思想品质高尚,学习成绩出色。他曾获得郑州市少年组60米赛第一名和全国十六城市保定赛区60米赛第三名。他的各科学习成绩,经常保持在90分以上,他高中入学统考的成绩是608分,比第一名仅差一分。他善于科学安排时间,做到学习、锻炼、工作三不误。去年,他获得了市级三好学生的光荣称号。省级三好学生徐红卷,市级三好学生于红、麻凤枝、赵永军以及每学期评选出来的一二百名校级三好学生,都是常林朝式的优秀青年。

发表于《河南体育》1982 年第 2 期

纵横学海，如驾轻舟
——记我市高考外语专业女状元茹建

省实验中学的应届高中毕业生茹建以538分的优异成绩夺得本市外语专业第一名。茹建同学成功的诀窍，是不少人感兴趣的。

"我好胜心强，干什么都想力争上游。"茹建常这样说。茹建善于探求学习规律，注重深刻理解、准确记忆、灵活运用，不仅各门功课学得好，而且注意开阔视野，经常阅读有关书籍、报刊。所以，高中期间每次考试，她的成绩总是名列前茅；体育场上，她也从不落后，跑、跳、投，样样达到标准，在全校运动会中，她还曾获得过800米第二名呢。

茹建善于安排时间，做到学习、工作、身体锻炼三不误。茹建在中学的六年时间，一直担任班长，社会工作很多。但是，她对待学习，有很强的自制力：上课时她精力高度集中，专心听讲，积极思考；自习时全神贯注，精心钻研，任何影响情绪、分散精力的干扰因素，她都能自觉地排除。因此，她始终保持着清醒、乐观、自信、轻松的精神状态。

茹建学习十分细心。有次语文考试，其中有一道古文译句题："亦雁荡具体而微者。"不少同学或者由于学习不求甚解，或者由于一味死记硬背，因而望文生义，唯有茹建精当地解答道："此句为定语后置，意思是说迥然耸立的土峰，也可说是形体齐备而规模较小的雁荡山。"这个答案源于教材，又高于教材，使改卷的语文教师拍案叫绝。正是茹建这种专心细心的学习态度，才使她能够取得今天这样的成绩。

发表于1985年8月27日《郑州晚报》

宝剑锋从磨砺出
——记全国数学竞赛第二名、省实验中学学生方为民

去年 11 月底,从首都中国数学学会传来一个好消息:在 1985 年全国二十九个省、市、自治区数学联赛中,河南省实验中学高三学生方为民,以 112 分的优异成绩荣获河南赛区第一名,全国第二名。这是我省在历届全国中学生数学竞赛中取得的最好名次。

方为民刚入中学时,成绩并不怎么好。当年省实验中学共录取新生 184 名,他是第 173 名。但是在班主任和老师们的教育帮助下,他奋起直追,勤奋学习,尤其对数学更是刻苦钻研,成绩飞快提高。1982 年在郑州市举行的初二年级数学竞赛中,方为民夺得全市第一名。

方为民学习数学的特点,可用四个字概括:早、广、深、活。

"早"。为民从不满足于按部就班的学习。他总是跑在教材和老师讲课之前,超前学习。初二暑假期间,他自学完了初三数学教材;上高二时,他已自学了大学二年级的部分教材,如偏微方程、微积分等。

"广"。几年来,为民在学好课本教材的同时,利用业余时间,广泛阅读了一些数学专家的著作和数学报刊,如陈景润的《数论基础》,单墫的《覆盖》《有趣的图论问题》,史齐怀的《母函数》以及《中学数学研究》《数学通报》等刊物。此外,他还坚持期期阅览《知识就是力量》《我们爱科学》等科技杂志,从中了解科技新成果,扩大自己的知识眼界。

"深"。方为民十分敬佩 18 世纪时瑞士大数学家欧拉。欧拉一生写出了七十多卷影响深远的著作,晚年在双目失明的情况下,仍孜孜不倦地工作,直至坐在办公桌前离开人间。为民在一次作文中表白了自己的志向:向欧拉学习,攀登数学高峰。不论是对课堂教材,还是对课外读物,他都不只停留在一般理解的基

础上,而是锲而不舍,不断磨砺,朝着纵深的方向开拓。上海教育出版社编辑的数理化自学丛书,国际中学生数学竞赛第1至26届的试题,美国、加拿大及我国历年数学竞赛的试题,他都认真阅读,悉心思索,精心验算。

"活"。刻苦学习,长期磨炼,使为民基础扎实,知识面广,眼界开阔,思维灵活,在数学方面的能力、智力超出一般。数学课上,他的思绪常常飞跃于老师讲解之外,举一反三,浮想联翩;解题时,他常常跳出常规,独辟蹊径,另求新解。国际中学生数学竞赛中的一道试题,原标准答案系用归纳法解决的,方为民认为它繁琐难懂,就试用递推方程求证,也迎刃而解,而且简单易懂。

"宝剑锋从磨砺出,梅花香自苦寒来。"今年元月下旬,方为民作为我省中学生代表之一,参加了在天津南开大学举行的首届全国中学生数学冬令营。冬令营从去年全国数学竞赛中的78名优胜者中,选拔出20名预备代表,方为民已经中选。据悉,今年五六月间将再次测试,从20名预备代表中最后选出6名,作为正式代表参加今年夏天在波兰举行的第27届国际数学奥林匹克竞赛。方为民满有信心地表示,他要努力争取进入前六名,向奥林匹克进军!

附注:此文发表不久,方为民即作为我国中学生代表之一赴波兰华沙参加第27届国际数学奥林匹克竞赛,并荣获金牌。而后他陆续就读于北京大学和中国数学所,获硕士学位。

发表于1986年3月29日《郑州晚报》

基础扎实，稳操胜券
——记全省外语类高考冠军、省实验中学学生王锦

了解王锦的人们早就异口同声地说：王锦一定会在今年高考中"放卫星"！果然不出所料，王锦以570分的出色成绩荣登全省外语类考生榜首。在统考的六个学科中，语文和数学分别为109分和108分，历史差7分满分，外语、地理差11分、13分满分，考生们普遍怵头的政治，王锦考了84分。这在我省近几年来的外语类乃至文史类的数十万名的考生中，真正是出类拔萃，凤毛麟角！

王锦出色成绩的获得不是偶然的，是她长期刻苦学习，一锤一点，一步一个脚印，在坚实基础上必然的飞跃。课前预习，上课专心听讲，课后及时复习，认真完成作业，这是她一贯的学习方法。哪些知识需要在理解的基础上背诵记忆，哪些知识应当把握其内在规律而灵活运用，她都心中有数，一一攻克。笔者曾任王锦的语文老师，她平时的作文很少有败笔，几乎每篇文章都可作为范文向同学们推荐。她的其他学科的作业练习也常常作为样板在教室张贴。

王锦不仅课内知识学得扎实，而且广泛涉猎课外知识。中外名著及《中国青年报》《中学生学习报》《中学生文苑》《小说月报》《散文选刊》《中学生数理化》等书籍报刊，她都经常览读。王锦不光爱读书、会读书，对一切有利于增强智力、提高能力的活动也都积极参与。她说："爱好读书看报、收听广播丰富了我的知识，爱好体育活动增强了我的体力，爱好音乐陶冶了我的灵性，爱好旅游和采访先进单位的事迹开阔了我的眼界……我感到知识无处不在，处处留心皆学问。只要平时把基础打扎实，不论什么考试都能应付自如，稳操胜券。"

正因如此，王锦从初一到高三，几乎每个学期每个学年的考试成绩都在班内和年级内名列前茅。

正因如此，她在初中时曾在上海、南京、郑州等十四城市中学生听、说、读、写

竞赛中夺得一等奖;在高中时曾获得全国中学生政治论文一等奖和全国中学生"振兴杯"作文竞赛二等奖;几年来她在省级以上的报刊上发表过十数篇文章。

正因如此,她在今年外语类高考中,以超越一类大学录取线91分的优异成绩登上了全省冠军宝座,被成千上万考生所向往的学校、专业——北京对外经贸大学国际贸易系录取。

发表于1992年9月《青年导报》

虎牢关下的一支农家劲旅
——记农民企业家周文昌和他的伙伴们

在幽幽的虎牢关下，汩汩的汜水河畔，活跃着一支虎虎有生气、勇于开拓进取的农家劲旅。这支劲旅的带头人叫周文昌，现有将士432人。五年前，他们创办了"郑州市少林汽车改装厂"。去年的工业总产值达到1046.4万元，居荥阳县乡镇企业产值之首，跻身于郑州市年工业总产值突破千万元大关的八家乡镇企业的行列。于是，周文昌和他的伙伴们成了新闻人物，近年来慕名前往汜水采访的记者们络绎不绝。

周文昌今年四十挂零，中等个头，胖乎乎，敦实实，思维敏捷，谈吐稳健，一派农民企业家的风度。1982年底，他奉命出任汜水乡机械厂厂长时，由于连年亏损，工厂正面临倒闭。经过一番深入调查研究，他果断决定转产：利用郑州市汽车制造厂生产的130底盘，改装为"少林"牌旅游面包车。

转产伊始，旁观者们的风凉话不绝于耳，什么"土坷垃们造汽车，真是飞机上放鞭炮——响（想）得高"，什么"砖头瓦块想成哩，说不定赶明儿还要制造飞机呢"……原机械厂的几个头面人物相继提出辞职，他们扬言："别说是周文昌，就是神仙下凡也救不活这个厂。"对于冷嘲热讽，周文昌淡然一笑，不屑一顾；对要求辞职的干部，周文昌打开绿灯，一概放行。

自然，转产汽车，谈何容易。然而，再多再大的困难也难不倒矢志摆脱贫困、奔向富裕之路的勇士们。缺少资金，周文昌率先拿出自己准备盖房的3000元钱，伙伴们跟着争相解囊，很快集资27万元，马金标副县长得知消息，明确表态支持，并联系金融部门贷款给他们数十万元。没有技术人员，周文昌等人三下江南，请来陈志忠等17名制造汽车的行家里手。不懂专业知识，不懂企业管理，就钻进去、请进来、走出去：周文昌虽然仅有初中毕业的文化程度，却硬是一本本地啃完了有关汽车制造的专业理论书籍，《中国汽车报》《科技信息报》《企业与管理》《乡镇企业家》《开拓者》等报刊，他不断研读；他们从科技部门、大专院校、国家定点厂请来工程师、教授们给职工们讲授技术知识，并聘请了六位工程师担任本厂的技术顾问，他们还聘请二汽东风联营公司驻郑工作组的同志为本厂的信息顾问，聘请广州南华客车厂厂长为本厂的市场顾问。尤其值得称道的是，他们高瞻远瞩，重视智力投资，每年都拿出近万元的高额学费，选送一批优秀青年职工到大中专院校代培，毕业回厂后挑起生产技术的大梁。目前已毕业回来的人，有的当了副厂长，有的当了车间主任，有的当了技术员。

在和周文昌交谈时，我们问起他获得成功的经验体会，他略加思索，缓缓说道："主要是两条，一条是要善于用人，对厂内各车间班组的大小头头们，我从不疑心他们，让他们各个有职有权，八仙过海，各显其能。再一条是认真落实经济承包责任制，严肃厂纪，赏罚分明。"说到这里，周文昌从抽屉里拿出一份打印的文件递给我们俩，"这是我们厂1987年的工作总结，你们看看吧，里面表扬了一大批好人好事呢，你们要写报道的话，千万可别拉下这些功臣啊。没有全厂职工的共同努力，我个人一事无成。"

这份总结材料，是周文昌亲自起草的，里面题名道姓表彰的贡献卓著的职工就有二十来人，例如全身心扑在工厂、把全家五口从江南水乡迁到汜水落户、夜以继日废寝忘食甚至重病卧床时还在指挥安排生产的一等功臣、技艺精湛的少林汽车改装厂分厂长陈志忠；任劳任怨、经验丰富、多谋善断、人称"诸葛大臣"的建厂元勋之一的副厂长葛臣；严以律己、身先士卒带领职工把一个老大难车间变为先进车间的车间主任张海松；账清手严、廉洁奉公的主管会计王深义；大公无私、业务娴熟的仓库保管、老党员周有章；不辞辛苦、东奔西跑、似流星赛蛟龙的推销员程宝龙、傅全来、禹哲仁……

目前，他们每年可改装汽车500辆。问及今后的打算，周文昌胸有成竹，信心满怀地说："向胎具化、模具化、自动化发展，上规模，上质量，上新颖品种，争取在1989年达到年产汽车700到1000辆。"

我们坚信,周文昌和他的伙伴们一定会把他们的雄心变为现实的。

附注:本文为与女儿文琦合作。

1989 年 9 月

努力为国争光，热诚为民服务
——记解放军信息工程学院高级工程师薛永碧

身体消瘦，精神矍铄，业务精湛，工作认真，待人热诚——这就是解放军信息工程学院高级工程师薛永碧同志给人的印象。

老薛在对外经济谈判中立过大功。

1985年，河南省经贸委进出口基地建设公司从日本进口一批彩电，经检查发现质量有问题。于是，特邀老薛作为公司的技术谈判首席代表和日方谈判。谈判前，老薛首先抽样检验了25台彩电，又废寝忘食加班加点地查阅资料，分析研究产生问题的原因，制定出几种谈判方案。谈判伊始，日方谈判代表扬言道："日本松下彩电驰名世界，从未出现过质量问题。你们中国人技术的不懂。"

"贵公司的松下彩电的确是驰名世界，进口我国的彩电质量大部分是好的，深受我国用户青睐。但是凡事不能一概而论。"薛永碧同志先礼后兵，不卑不亢，从容不迫地列举了这批彩电质量上的问题，又从技术上分析了造成这些质量问题的原因，有根有据，有理有节。

面对确凿的事实，有理的分析，日方代表不得不答应赔偿人民币一百多万元的经济损失。这不单是索回了经济上的损失，更重要的是长了我们中国人的志气。谈判结束后，日方的一个代表冲着老薛同志伸出了大拇指："你们中国人的，了不起！"

薛永碧同志年已五十有五，身患多种疾病，但作为学院中心实验室的负责人，他多年来一贯身先士卒，坚持早上班晚下班，就连一年一度法定的"老头假"（45岁以上的军队干部每年休假一个月）也从未休过一次。他平时除要完成学院下达的科研教学任务之外，还经常利用业余时间热情地无偿为兄弟单位、院内外群众修理仪器设备、家用电器等。今年春节前夕，听说解放军153医院的一台价值万元以上的用微机控制的"胎儿心音心电监护仪"出现了故障,永碧同志拎着工具包匆匆赶往医院,饭顾不上吃水顾不上喝,由日出干到日落,忙乎了一整天,终于排除了仪器故障。据说这台精密、复杂的仪器,目前在郑州还没有哪个厂家店铺能够维修,如果进京到厂家检修的话,少说一次也得花上千元以上,而永碧同志却是分文不取!从1980年至今,十余年来,永碧同志像这样热情地为外单位、为相识的或不相识的群众义务修理的电子仪器、医疗设备和录像机、电视机、电冰箱等家用电器约有一千多台,平均每年百台以上。

薛永碧同志努力为国争光、热诚为民服务的事迹在军内外广为传颂,他精湛的业务、卓越的技能和无私奉献的精神受到许多单位和广大群众的赞扬。

发表于1991年6月2日《郑州晚报》

慈母挽歌

"历两代三朝含辛茹苦顽强生活近百岁；率五子一女克勤克俭积极进取九十春"，这副挽联是享年91岁高龄的母亲一生真实的写照。

父亲去世时，母亲刚进入中年，43岁。六个子女最大的17岁，最小的4岁。一家七口挤住在一间不足20平方米的小屋里。当时有些好心的乡邻劝母亲再嫁，也有人劝母亲将老五老六两个幼儿卖给有钱人家，都被母亲一一谢绝。母亲说："天无绝人之路，我拼死拼活也要把孩子们养大成人。"母亲一面求人，先后让老大当上一个单位的勤杂工，老二当上鞋店学徒，一面领着四个年幼的孩子沿街乞讨，或者到城外挖拾野菜。夜晚，当儿女们都睡下后，母亲时常在微弱的菜籽油灯捻下轻摇纺车，纳做鞋底鞋垫，或为别人缝洗衣服，挣些零钱。一家人每天的主食是糠麸皮和少许杂面包皮的野菜团子，外加乞讨所得的残羹剩饭。母亲就连菜团子也舍不得吃，总是紧着孩子们吃饱后有剩下的才吃，没剩下的便喝碗菜汤以充饥。糠麸菜团子不好消化，每天大便时孩子们总是趴在床沿撅起臀部，母亲一边含着心疼的眼泪叫孩子使劲，使劲，一边手执着一根小木棍将秘结的大便剜出来。后来通过我大哥打工单位的头头帮忙，我和我的姐姐、三哥、弟弟四人先后进入了开封市救济院，虽然生活依然很苦，总算有了个活命的地方。

1948年底，开封解放，我们一家获得新生。大哥、二哥先后找到了工作，姐姐、三哥、我和弟弟四人靠着国家助学金陆续读完中小学和大学，顺利踏上工作岗位。为报答党的恩情，精神焕发、浑身是劲的母亲多年来不要分文报酬，为街道和幼儿园义务服务，多次受到表彰，获得不少大红花和奖状。逢年过节，儿女们一进家门，母亲总是先伸手要奖状。在母亲的感召下，儿女们个个争气，积极上进，三好学生、先进工作者、三八红旗手，单位级、区市级、国家级的奖状贴满了家内墙壁。每年除夕,慈祥欣慰、红光满面的母亲总要领着孩子们一字排立,在毛主席像前恭恭敬敬地行三鞠躬礼,而后围坐一桌,举箸用餐。儿女们与时俱进,先后都入了党,由大哥至小弟,分别当上了校长、信用社主任、教育局干部、水利工程师、中学教导主任、文化厅处长。孙辈们相继出生后,母亲为让儿女们专心工作,又不辞辛苦地担负起抚养孙男孙女的担子。看到孙辈们健康成长,有的成了学士,有的成了硕士,有的成了博士,幸福、自豪的神情终日浮于母亲容颜,溢于其言表。凭着解放初期在街道扫盲班学习过一段而粗识文字的母亲,竟在耄耋之年咏出诗来:"解放前后两重天,跳出地狱登天堂。幸福不忘毛主席,翻身全靠共产党。"

作者母亲(怀抱的为长孙文阁)

1990年11月,弥留之际的母亲,对守护在病榻旁的儿孙们断断续续反反复复嘱咐的一句话是:"走吧——上班去吧——给学生上课去吧……"

平凡、勤劳、圣洁、伟大的母亲,永远活在我们心中。

1991年3月

穷小子偏爱看京戏

敝人现年五十有六,是个老戏迷。尽管我自幼丧父,家境一贫如洗,6岁起便沿街乞讨,后来进了开封救济院,但是一直是戏院的看客。

解放前的开封市盛行京剧,相国寺内的醒豫舞台和北土街的新声戏院是两个专门上演京剧的剧场。青衣兼武旦齐燕英、武旦金少春、武生金丝猴、老生陈士良、青衣滕雪艳等著名演员长年在这两个剧场演出。外地京剧名家来汴演出常在相国寺前街的人民会场,许翰英、沈金波、王鸣仲等人都来演出过。不论是本地还是外来的京戏我都爱看,几乎每星期至少要看一两回。在救济院内,我还是儿童曲剧团的主角呢,主演过《瞎子观灯》《小寡妇上坟》《三怕老婆》等喜剧,也曾与院内体育教官一起登台表演过武打"双刀破花枪"等节目。

我幼时看戏从来不买票,因为口袋空空,不名一文。可我哪回去看戏都能如愿以偿。靠的是什么办法?两条:求大人;举木牌。站在卖票窗口,见有穿长衫戴礼帽面善好说话的大人买票,我便说:"伯伯,我想看戏没有钱,求您老把我带进去吧。"对方一点头,或者摸摸我的小脑袋,说声"好,跟我来吧",我便喜笑颜开地尾随而入,此之谓"求大人"。过去剧场门前都备有专门用来找人的木牌子。演出过程中,有人要找人就把名字写在木牌上,检票员便亲自或派人举着木牌到剧场内转一圈。每当此时,我便主动承当举牌人,连蹦带跳跑进剧场,在座票席的几条过道中举着木牌一边走一边看台上演出,转两圈出来把牌子一交,便可名正言顺地扭身飞进剧场。此之谓"举木牌"。

解放后,靠着国家助学金,我先后上了初中、中专和大学。1957年在天津师范学院毕业后分到天津郊区当中学教师。天津是京剧名家荟萃的地方,从50年代中期到80年代初期,我可真是过足了戏瘾。从学校到市区戏院尽管往返百余

2014年摄于天津天华景戏院

里,但每逢周末,我便蹬车跋涉,风雨无阻,绝不错过一次机会。夏天散戏后,我常到海河边,躺在长椅上过夜;冬天散戏后,就到火车站候车室休息。赶上名角演出,即使不是周末,也要去看,散戏后骑车返回,蹬一路哼一路,进校门时已是深夜一两点。厉慧良的《乐羊怒啜中山羹》《长坂坡·汶津口》《艳阳楼》《钟馗嫁妹》《火烧望海楼》,张世麟的《挑滑车》《伐子都》,杨荣环的《昭君出塞》《福寿镜》,丁至云的《凤还巢》,还有赵松樵、程正泰、马少良、王则昭、李荣威等著名演员的戏,我几乎场场不落。这些演员的演唱风格特点,我侃起来都是一套一套的。记得"文革"前,马连良、谭富英、袁世海、叶盛兰、裘盛戎、马富禄等来津演出《赤壁之战》,李和曾来津演出《孙安动本》,张君秋来津演出《西厢记》,赵燕侠来津演出《红梅阁》等戏时,我都是在开戏前一小时左右赶到剧场附近等退票,有时买到票晚,怕耽搁看戏,就买两个面包或烧饼进场边吃边看,甚至饿着肚子看戏,散场后再买吃的。

1980年我调回老家河南工作。河南京剧团体少，平时很少演出，没办法只好购买京剧磁带欣赏。电台、电视台只要播出京剧，我就一定要听要看。什么时候在报纸上看到有京剧演出预告，我就兴奋异常，场场必看。郑州市京剧团的《玉堂春》，河南省京剧团的《冯玉祥》《五鼠闹东京》《四郎探母》《战宛城》等戏，我没有一出没看过。李万春、赵荣琛、李和曾、谭元寿、赵燕侠、李世济、冯志孝、张云溪、景荣庆、高玉倩、刘长瑜、刁丽、李崇善等名家近十年来相继来郑州短暂演出时，我的心情犹如久旱逢甘霖、饿急遇佳肴一般，甭提多高兴啦！除京剧外，豫剧、曲剧、越调、晋剧、蒲剧、河北梆子、评剧、黄梅戏等地方戏和话剧，我也都爱听爱看。

《戏剧电影报》从创刊至今，我一直坚持订阅。每期报纸一到，我饭可不吃，觉可不睡，总要一篇不落地读完。1984年《戏剧电影报》举办戏曲知识竞赛，我还曾以90多分的成绩获得过鼓励奖呢。

戏曲特别是京戏提高了我的文化素养，陶冶了我的乐观豁达的性情，愉悦了我的精神生活，也促进了我的语文教学工作。我讲教材中的《赤壁之战》《群英会蒋干中计》《失街亭》《智取生辰纲》《林教头风雪山神庙》《林黛玉进贾府》《龙须沟》《雷雨》《屈原》《窦娥冤》等课文时，绘形绘色，有声有情，生动活泼，学生兴趣浓厚，课堂气氛热烈，很大程度是得益于我熟悉根据这些作品改编的戏剧内容。每年新年联欢会上，老师们、同学们都少不了欢迎我来一段京剧清唱。平时我备课、批改作文感到疲劳时，最好的休息方式就是摇头摆耳哼唱京戏。

我深信像我这样爱好戏曲尤其是京戏的中年人，在全国各地大有人在！遗憾的是目前戏曲演出太少。什么时候能够做到且不说每天而是每周让我们戏迷们看上一出好京戏啊！

摘要发表于1993年5月9日《戏剧电影报》

菊海采英

朋友,你见过海洋吗?辽阔无垠,深不可测,雪浪飞溅,波涛滚滚,给人以雄浑壮美之感,助人以奋勇拼搏之力。

这里我想让你领略的是另一种海洋——花的海洋,菊的海洋。

在深秋的一个下午,我满怀兴致地来到郑州市人民公园的秋园。这里正举行规模盛大的菊花展览。

踏进秋园,环顾四周,嗬!偌大一个庭院,满地铺金,满墙披彩,满地生花,满园喷香!数万盆五颜六色、风姿绰约的菊花重重叠叠地摆置在厅内室外,那些赤橙黄绿青蓝紫白、鲜嫩芬馥的花枝,缠绕、悬挂在曲幽的廊径、高高的壁墙、峭立的岩石和澄碧的水面,好一片菊的海洋,好一个菊的世界!

秋园门里正中,两条由两千多盆灿若繁星的"金钱菊"结扎而成的巨龙,身长10米,拔地9尺,好像刚从菊海深处浮出水面与游人共欢乐。这两条巨龙口含金珠,昂首凝目注视着中空悬挂的大红宫灯,器宇轩昂,活灵活现,着实逗人喜爱,令人振奋。

李白笔下的庐山瀑布,可谓气势雄伟,景象壮观。然而我总觉得那高山激流的色彩未免单调了些,如雪练,似银河,全是白色的。可在这菊山中的瀑布——那一丛丛、一挂挂由屋顶垂悬下来的"悬崖菊"却是色彩缤纷,姿态万千。有的雪白,犹如天河倾泻,飞珠溅玉;有的金黄,好像蛟龙探海,喷云吐雾;有的斑斓,恰似长虹落空,披彩挂红。面对着这些清香艳丽、多彩多姿的菊花瀑布,我不由想到我们伟大祖国的改革洪流,不正像瀑布一样飞泻直下,穿山越涧,一往直前吗?

我信步悠悠转到秋园后院,闻一闻"迷淡月",吻一吻"紫绣球",摸一摸"金龙爪",抚一抚"大红袍"……真真是看不尽,赏不完,品不已,爱不够。瞧见坚实丰硕、犹如磨盘的"妃子玉",我情不自禁地赞叹众志成城,团结就是力量;瞅到窈窕秀丽、冰肌玉骨的"白衣少女",我恍若置身于海底龙宫,在欣赏那轻舒柔臂、婆娑起舞的妙龄仙子;望及彩翅铺展、丰满艳丽的"孔雀开屏",我眼前呈现出我们伟大社会主义祖国的如花似锦、欣欣向荣的现实生活。沐浴在这深不可测、寒香沁脾的菊海之中,我心爽目悦,神驰遐想,定下今后的志向:像美菊那样艳而不妖,纯洁高雅,把清馨洒向人间,装点世界;像劲菊那样傲霜斗寒,坚贞不屈,永葆青春!

晚风乍起,暮霭降临。我沾一身菊露,抹一身菊香,如醉如痴,缓步走出秋园,边走边想,边想边语:明日课上,我当怎样引导学生咏菊、颂菊、学菊、做菊……

发表于《作文》1987年第11期

傲霜斗寒，永葆青春

菊花所以被誉为"花中君子"，备受人们喜爱，不仅是因为她姿色艳丽，而且是因为她品性高洁，傲霜斗寒，贞烈不屈，永葆青春。

温室里培育出的花朵是经不起风吹雨打的，只有像菊花那样不畏风刀霜剑，在百卉凋落的秋天，在广漠的大自然中卓然挺立，竞相怒放，才能炼就一身傲骨。人才的成长也是这样，只靠从家门到校门，只靠闭门读书，只靠温暖平静的优越环境，往往造就不出优秀的人才。唯有那些置身于变革现实的洪流之中，敢于冲破重重阻力，劈波斩浪，奋勇前进的人，才能真正锻炼成为时代的骄子。古往今来，像菊花一样不惧狂风恶浪，在逆境中成就大事业的英才数不胜数：高吟"夕餐秋菊之落英"的伟大爱国诗人屈原；不为五斗米折腰、自喻为霜下卓杰的田园诗人陶潜；以《题菊花》《不第后赋菊》闻名于诗坛的农民起义领袖黄巢；高唱着"年年劲菊艳秋风"、驰骋于抗敌沙场的南宋爱国词人辛弃疾……

诚然，在险恶冷峻的环境中斗争一阵子是不难的，难的是终生矢志不移，永不退坡。菊花的可贵之处就在于她毕生保持贞洁，即使到了寒冬，其容颜憔悴之时，也仍然挺立着其傲霜的枝干。做人也应如此。伟大的无产阶级革命家、诗人陈毅同志一生光明磊落，晚年在林彪、"四人帮"残酷迫害下依然威武不屈，坚持斗争，《冬夜杂咏·秋菊》诗正是他高大形象的写照："秋菊能傲霜，风霜重重恶。本性能耐寒，风霜其奈何？"作为80年代的青年，作为改革洪流中的弄潮儿，我们都应该向陈毅同志学习，做具有菊花品格的人。

菊花所以敢于藐视风霜，傲然而立，原因在于她没有私心，只顾奉献，不思索取。她以自己秀丽的容颜、健美的身姿、馨香的脏腑，在百花凋落、万类寂寥的深秋季节，尽心装点世界，净化人们的心灵，给人以美的享受。古今中外，成千上万的仁人志士受到菊花高尚情操的熏陶,从中汲取了无穷的力量,在历史上作出了卓越贡献。

朋友,愿你也像菊花那样傲霜斗寒,永葆青春!

发表于《作文》1987年第11期

投鼠忌器，猛虎逞威
——略评长篇小说《攻克汴京》

1948年6月中旬，我华东野战军在开封、睢县、杞县地区进行了睢杞战役。6月22日，开封解放。被国民党反动派吹嘘为"固若金汤""确保无虞"的汴京古城，终于回到人民的怀抱，以敌六十六师中将师长李仲辛为首的四万多全副武装的敌人，顷刻之间土崩瓦解，如鸟兽散。

鉴于开封是一座历史悠久的文化名城，所以在战役一开始，华东野战军司令员陈毅同志就明确指出：攻打开封是瓷器店里捉老鼠——既要捕灭"老鼠"，歼灭敌人，又要不打烂"瓷器"，注意保护人民生命财产，不使铁塔、龙亭等文物古迹毁于战火。这是对军事、政治双胜利的极为准确而又形象的概括。

长篇小说《攻克汴京》（亢君、魏世祥著，河南人民出版社1979年9月出版），围绕"双胜利"这一主题线索，以清新朴实、精练生动、充满战斗激情和浓郁的乡土气息的语言，描绘出一系列惊心动魄的战斗场面和感人肺腑的细节，塑造出我军广大指战员威武坚毅、勇敢智慧、肝胆照人、可歌可泣的英雄形象，在古都汴京的史册中谱写出一曲激越雄壮、响彻中原的凯歌。

惊心动魄的场面

《攻克汴京》的作者对于战争生活十分熟悉，对于我军指战员们的心灵、气质、性格十分了解，对于战斗场面的描写十分精彩。小说所描述的大小战斗场面有十多个，场场惊险紧张，动人心魄，但又各具特色，互不雷同。如奇袭飞机场、火车站，勇降铁甲车，火攻邮政楼，突破小南门，酱园阻击战，夜袭卧龙庙，巷战粮面行，巧取铁塔，威慑"善园"，龙亭飞兵等。

作者写战斗场面，不是单纯追求场面的惊险火热，而是从中着意表现出我军指挥员和战士们的有我无敌、一往无前、不畏牺牲的英雄气概,机动灵活、镇静果敢、指挥若定的智慧谋略,嫉恶如仇、爱护人民、关心战友的阶级觉悟,不惧艰苦、坚定乐观、担负重任的革命精神,争取军事、政治双获胜利的高度自觉。

孤胆英雄焦震山为了缴获敌车炮弹,强忍血染前胸的剧痛,勇攀铁甲车,推杆撬杠,身堵车门,高举手榴弹,面对全副武装的敌人,如霹雳般怒吼:"缴枪不杀!"吓得敌人丢魂丧魄,目瞪口呆,颤巍巍地跪摇白旗。班长鲁大雷从龙亭第二层平台朝着顶台栏杆准确地抛出钩绳,披着火光,凌空荡体,纵身跃栏,飞进顶台,插入敌群,一面火焰一般的红旗哗啦啦在金銮殿前沙袋工事上迎风招展。当他看到一敌军官气势汹汹欲要拔掉他亲手插起的这面红旗时,鲁大雷不顾伤痛,怒目圆睁,大吼一声:"住手!"只见他拼出全身力气猛扑过去,如泰山压顶,拔出肋下带血的短剑,刺进敌人胸膛。当战斗结束时,在巍巍龙亭之巅,在灿烂朝阳辉映之下,只见这个浑身染血的铮铮铁汉,半倚砌起的沙袋僵硬地挺立着,蒲扇般的大手紧握着沾满硝烟弹痕的旗杆,瞠目竖发,凛然不可侵犯。"鲁大雷,我们的好战友!你至死都不肯坐下来喘一口气,还要站着为人民守护不倒的红旗!"——这样的有我无敌、冲锋陷阵的无畏战士,真是亘古少有;这样的英雄壮举,真可谓惊天地,泣鬼神!

形似张飞、心赛诸葛的团长彭步龙身先士卒,亲临前线,在机枪林立、顽敌盘踞的邮政楼前巧妙地指挥战士"布云播雾":在大楼角起上风头空地上点燃起草垛,同时在爆破的掩护下,七只火焰筒"嗖嗖嗖"喷吐出的火龙像火箭似的射进楼窗;风助火势,火趁风威,霎时间烈火熊熊,整个大楼被淹没在火海之中,浓烟灰烬呼呼灌进窗内,把敌人呛得鬼哭狼嚎,奔突滚爬,扔枪跪地,举手求饶。威武英俊、智勇双全的猛虎连连长童春亮率领战士们突进小南门后,在数倍于我的敌人三面围抄、危在旦夕的情况下,以惊人的勇敢、超人的智慧在枪林弹雨、烟火气浪中奔跑冲跳,犹如一只跨山越涧、穿林啸风的猛虎,威严吼叫,弹无虚发,他时而镇定、果敢地指挥自己连队的战士们冲杀拼刺,时而巧妙神奇地调度两路来敌在夜黑混战中东西对射,自相践踏,击退了可着街筒子如狂涛恶浪般涌过来的敌人一次又一次的进攻,终使连队化险为夷;猛虎连像一块磁铁,牢牢地吸啮住城内敌人,像一颗钢钉,扎进敌人的心脏,他们忽而飞进卧龙庙,忽而穿回城门下,戳蜂窝、倒鼠洞、剪电缆、切电线,声东击西,飘忽不定,神出鬼没,大打出手,把李仲辛搅扰得神经错乱,坐卧不宁,谈虎色变,草木皆兵;与此同时,城外我军不断发出猛烈的炮火攻击,并摆出拼命的架势,轮番佯攻,终于迫使李仲辛向宋门和中山门守军下达了分兵驰援小南门的命令……不久,在朦胧曙色中,我军各路纵队相继突破了宋门、小南门和中山门;在敌军重重围困中血战十几个小时的猛虎连的英雄战士们脸上淌着汗水,身上滴着血水,眼里涌出泪水,欢呼跳跃,在宽阔的自由路上和他们的战友们胜利地会师了!——这正是:魔高一尺,道高一丈。凶狠狡猾、刚愎自用的李仲辛,在我英勇善战、指挥若定的广大指战员面前,终成瓮中之鳖、坛内之鼠。

在粮行内楼道上白刃格斗时,连指导员李长河为援救危急中的战士小徐而身负重伤;在铁塔门口,在手榴弹顷刻就要爆炸的瞬间,战士赵胜利猛扑过去,推开连长,自己伤倒;在酱园激战时,猛虎连的战士们一面阻击敌人疯狂的进攻,一面奋不顾身地闯入火阵,抢救群众和粮物;在"善园"院内,军医乔真和随军记者宋琦顶着铺天盖地俯冲下来的敌机,勇攀冒着火苗、摇摇欲坠的木楼梯,冲进楼内,搭救几个被帝国主义分子用来做灭绝人性的人体试验的生命垂危的儿童,乔真被炸塌下来的砖石砸伤头部,晕倒在地,保护了孩子的生命。当宋琦找到曾荣获"赴汤蹈火爆破勇士"称号、被誉为一级战斗英雄的童春亮,让他谈谈自己的事迹时,童春亮"嘴笨舌拙",半晌说不出一句令记者满意的话。战士赵胜利克服重重险关,从酱园阵地出发,跨"火焰山"(密集的硝烟炮火)、穿"水帘洞"(城墙下管道)、蹚"流沙河"(城墙外护城河),来到师部指挥所时,宋琦找他采访,讲起别人的事迹,他滔滔不绝,说起自己,他有上句没下句,好像子弹卡了壳。——这就是我们人民的子弟兵、无产阶级的战士们的英雄本色:对敌人,嫉恶如仇;对战友,体贴爱护;对人民,无限热爱;对自己,从不居功。

在紧张、残酷的战斗过程中,战士们往往连续十几个小时甚至几十个小时滴水不进,粒米不沾,但是没有人叫苦,总是坚定乐观,顽强坚持,奋勇战斗。在酱园战斗间隙,猛虎连的战士们高唱《解放军进行曲》,嘹亮的歌声响彻夜空,威震敌胆；在城内外部队胜利会师时，猛虎连的战士们一个个烟尘满面，血迹斑斑，嘴唇干裂，眼窝深凹，衣服上挂满弹穿火烧的孔洞，有些战士甚至赤臂裸腿，光着双脚，眉毛被烧焦半拉，但是他们仍然精神抖擞，昂首挺胸，列队站立，向师团首长请求把更艰巨的任务交给他们。

在每次战斗、每项活动中，我军广大指战员都能高度自觉地执行争取军事、政治双胜利的方针政策。为争取敌保安三旅旅长齐敬亭倒戈起义，使河南最高学府——河南大学免于战火，在地下党干部崔龙飞的精心安排下，师政委吕均志"单刀赴会"，亲往"河大"，冷静沉着，有理、有力、有节地对齐敬亭摆清形势，指明前途，晓之以理，动之以情，终使其下定了起义的决心。攻打小南门之前，师长张平耀开导有急躁情绪的炮兵营长牟化元说："开封是六朝古都，文化名城，你不分青红皂白一路轰过去，那不是把瓷器和老鼠一起都砸烂了吗？"在攻打龙亭时，牟化元遂发明了一种奇特的炮轰方法：直接瞄准，抵近射击，压低射角，避开金殿，专打地堡工事，美其名曰"专掏老鼠洞，不伤古瓷器"。童春亮带领战士们正在粮行扑灭烈火时，突遇曾经残酷压榨、百般折磨过他父子俩的资本家贾亦斋，仇人相见，分外眼红……可是，当童春亮意识到"手里的枪把子是人民交给的，不允许随个人的恩仇任意行动。党的政策是胜利的命脉；他没有权利去使之受到丝毫的损害，而只能坚决地维护它"的时候，他马上克制住了自己的激动情绪，继续指挥战士们迅速扑灭大火，而后向贾亦斋讲明党的保护民族工商业的政策，并告诫他从今以后要"老老实实做生意，为人民办点好事"。战士于东海等在战斗中看到一头无主的小毛驴，悉心照料，并议论道："穷家小户，凭力气挣饭吃，一条牲口比啥都金贵。不是比方说开封是个瓷器店吗？我看这小毛驴也算得上是瓷器。咱们得精心照护好！"……今天，当我们看到那挺拔秀丽、矗立云霄的铁塔，金碧辉煌、岿然屹立的龙亭，宏伟壮观、殿阁林立的大相国寺等文物古迹完整无损地保存下来的时候，可曾想到：这是三十二年前"猛虎闹东京"，解放开封城的英雄们勇猛机智、"投鼠忌器"的光辉战绩啊！

感人肺腑的细节

《攻克汴京》不仅生动地描述了一系列气势宏伟、惊天动地的战斗场面，而且逼真地描写了许多细致入微、感人肺腑的生活细节，从而深刻有力地表现了作品的"瓷器店里捉老鼠"的主题。

作品中关于"汴梁西瓜"的细节描写，精彩至极，感人至深。农学院的老教授薛绥之为培植早熟西瓜，给祖国人民的生活增添一分甜蜜，跑遍穷乡僻壤，精心选种，而后连续三四年呕心沥血，辛勤培育，眼看实验就要成功，不料祸从天降，国民党白匪军在他的实验地里狼奔豕突，像遮天的蝗虫掠过碧绿的原野，霎时间满园瓜果损失殆尽！他冒着战火，趁黑夜把劫后仅存的几个再有三两天就成熟的西瓜用乱草和树枝掩盖起来，以图留下他的一线希望和光明。这时，我猛虎连来到这里驻守待命。战士们干渴难耐，伤病员急需用水，老班长郭子厚等人跑断了腿四处寻找，也未见水；碰巧发现了乱草树枝覆盖下的几个西瓜，真令人喜出望外！他们正欲写条、留钱、取走西瓜时，看到了瓜旁的一块实验牌子，上面写着瓜的品种、编号、采摘期（6月20日）……这下子使同志们作难了：对这几个西瓜是摘，还是不摘？一个战士说："人家这是有学问的实验，兴许有大意义！"另一个战士说："对，国民党来糟害，咱可不能干这种反动事儿。"郭子厚断然肯定地说："对，这瓜不能摘！"……此情此景，深深感动了隐蔽在地下室似的实验室窗口的薛绥之。他想道："亘古以来，哪有这样的兵？这样的精神？这样的操守？这些人代表的文明，才像是人世间生活里最甜的蜜呀！"于是，他毫不迟疑地冲出实验室，摘下西瓜，跑到英雄焦震山的担架跟前，手捧着艳红鲜亮的瓜牙儿，眼含热泪，亲切呼唤："解放军……同志！吃吧！……你，吃一口……"焦震山睁开黯淡的眼睛，吃力地捡起从他脸旁掉下来的一粒瓜籽，艰难地挪动手臂，犹如攀登铁甲车那样，进行了他生命的最后一次冲击，将瓜籽递到老教授手里，喃喃地吐出两个字："种……子……"老教授泪水扑簌，把晶亮甜蜜的瓜汁儿一滴滴一滴滴地滴在焦震山那干裂紧闭的嘴唇上……

两三天后，老教授带着五六个圆溜溜碧玉宝石般的西瓜，来找转战到河南大学的猛虎连。他要把西瓜亲手献给英雄焦震山所在的连队。童春亮等再三辞谢,老教授执意要送,盛情难却,只好收下。可是,猛虎连的同志们谁也不肯吃。他们决定把瓜转送给正在攻打"善园"的兄弟纵队的一个曾创下辉煌战绩的英雄连。英雄连的战士们自然也是谁也不肯沾嘴。最后,这个连的张连长提议把这几个瓜全部拿给刚从"善园"中搭救出来的几十个瘦骨嶙峋的儿童吃。张连长从一个正大口大口吃着西瓜的孩子的脏肚皮上捡起一粒瓜籽,对战士们说:"这西瓜籽一颗也不能丢,我们要全部收起来,还给老教授!"……

汴梁西瓜,一向以个大、皮薄、色艳、瓤甜而闻名全国。作者紧紧抓住这个富有地方色彩和乡土气息的题材,匠心独运,构思精巧,浓墨重彩,刻意描绘。这个细节情节完整,前后呼应,贯串全篇。这个细节不仅表现出我军指战员严守"三大纪律、八项注意"的优良作风,而且表现出他们尊重科学、尊重知识分子劳动的精神,同时也表现出老科学家严谨的治学态度和对人民子弟兵的无限热爱,归根结底,它生动而深刻地体现了作品的"投鼠忌器",争取军事、政治双胜利的主题思想。真可谓一石三鸟,妙用无穷!

阴险狡猾的李仲辛奉命到汴,下车伊始就恶毒地宣称要"在汴京城与共军打一场烂仗,让共军担上毁灭文明、破坏民众利益的千古罪名"。敌人在实行疯狂的军事屠杀和破坏政策的同时,也很注意使用反革命的攻心战术。他们趁战火纷飞、难辨真假之机,派出大批特务,披着灰军装,伪称解放军,害死学生,伪造绝命书,焚烧粮行,殴打教授,欺压群众,抢夺财物,捣毁图书仪器,妄图破坏解放军的威信,挑拨军民关系,不让有知识的人跟着共产党走。然而,这一切都是枉费心机,适得其反,到头来都不过是搬起石头砸自己的脚。

彭步龙带着敌省府被俘虏的官员们迤逦穿行在街头巷尾,人们看到如下感人的场景:在银行门前,解放军战士和臂戴红布袖章的工人纠察队员肃立站岗,对眼皮底下那些撒满地面的白花花光灿灿的银圆看也不看一眼;有些商店门口贴着写有"主人不在,禁止入内"字样、盖着我军印章的封条;在全城最大的一家鞋店门前站岗的一个解放军战士,脚上的鞋烂得露出了脚趾。在河南大学,为驳斥披着教授外衣和别着学生徽章的特务们所谓"兵扰之忧"的嗥叫,张平耀领着河大师生员工在校园内巡视一圈,人们看到了如下镜头:在图书馆,解放军战士正和管理员一起扶起被国民党匪兵践踏后东倒西歪的书架,把散落满地的书籍一本本捡起来,揩去灰尘,插上书架;在教学大楼,战士们正摆着弄乱的课桌,把掉在地上的教材、文具小心翼翼地一一放回桌斗里,被砸坏的门窗正被修理;在实验室,零乱不堪的仪器被归置得井井有条……事实胜于雄辩,谣言不攻自破,特务们瞠目结舌,无地自容。在粮面行,战士于东海从俘虏中将贾宅被抢走的东西收缴回来,物归原主,交给了贾亦斋;战士李二秋在退出屋子时看见地上掉了一瓶牙膏,又折回来捡起,放在梳妆台上说:"老板,这瓶牙膏我们进来的时候头朝东,现在,还照样让它头朝东给放这儿。"以至贾亦斋被感动得连连鞠躬作揖,千恩万谢。

　　上述一系列生动具体、感人肺腑的细节描写,深刻地揭示了作品的主题,有力地回击了国民党反动派的惑众谣言,宣告了敌人反革命的心理战彻底破产!就连被我军擒获的敌六十六师少将参谋长卢翰甫也不得不承认:"共产党拿下的不只是一座开封城,而是无价之宝,那就是——民心。"

　　《攻克汴京》的语言,精练生动,朴实无华,具有浓厚的地方色彩和乡土气息,比喻、歇后、排比、对偶、对比、夸张、双关等修辞手法运用得得心应手。美中不足之处是有些词语和句子欠推敲,不规范,不甚符合语法和逻辑。

　　《攻克汴京》所塑造的人物形象,共有七十多个。主要人物都刻画得性格鲜明,有血有肉,栩栩如生。微嫌不足的是对我军各级指挥员的秉性特点,较多地使用作者旁白介绍的方式,且有雷同重复之处。

　　企望亢君、魏世祥二同志在今后的艺术实践中日臻完善,写出新的更好、更多的作品。

1982 年 7 月

斗方一张映情操

电影《春晖》的编导别具匠心,在凌老师家里墙壁上布置一张斗方,上面写着两条诗文:一条是杜甫《丹青引·赠曹老将军霸》中的"丹青不知老将至,富贵于我如浮云",一条是王勃《滕王阁序》里的"穷且益坚,不坠青云之志"。这两条诗文选得实在是好,它准确而深刻地揭示了主人公凌老师纯洁高尚的思想情操。

杜甫的两句诗意在赞扬名画家曹霸一生精心致力绘画,不考虑个人的功名富贵。王勃的那句话意在表白自己虽然处境穷困,然而意志更加坚强,决不失去自己高尚的志向和情操。用这两条诗文来映照凌老师无限忠诚于党的教育事业,不计较个人名利,不畏艰难困苦,坚持搞好本职工作的高尚的思想情操,不是十分恰当吗?

为了备好课,为了批改好学生作业,凌老师不知熬了多少个不眠的夜晚;为了使学生健康地成长,为了把学生培养成合格的毕业生,凌老师不知费了多少心血!凌老师虽然年近半百,皱纹满额,华发早生,但是精神焕发,常葆青春活力。当看到凌老师清晨不无心酸地为女儿抹去残留在眼角的泪痕,听到他回答女儿问话时所说的"我从没做过对不起学生的事,我宁可对不起自己的女儿"的话语时,当看到凌老师中午气喘吁吁、汗流浃背、躬着瘦骨嶙峋的身躯艰难地往家里拉煤车的情景时,当看到凌老师深夜蹲坐在小板凳上,一面精心批改作文,一面照顾下肢瘫痪的老伴喝水吃药的镜头时,观众们,尤其是和凌老师有着相同经历、相同处境、相同信念的中年教师们,谁能不为之感动下泪呢!

正是:斗方一张映情操,呕心沥血育幼苗。春晖光照暖人心,桃李满园乐陶陶。

发表于 1983 年 4 月 7 日《郑州晚报》

咏物诗的丰碑
——读屈原《橘颂》

近读唐诗,喜见一些咏橘的俊句佳篇。如张彤的"树树笼烟疑带火,山山照日似悬金",陆龟蒙的"良玉有浆须让味,明珠无颗亦羞圆",前者从色彩上点染橘林景色,宛如一幅黄澄澄、金灿灿、妖艳明丽的水彩画,后者从滋味和形态方面咏叹橘之美好,品之耐人咀嚼,赏之兴味盎然。然而这些诗只是工于对橘子本身加以描绘和咏赞,缺乏新颖深刻的立意,不能在思想上给人们什么启迪。在我国诗史上,真正能够称为形神兼备、寓意深沉,物我双关、情景交融地咏橘的杰作,还是要首推伟大爱国诗人屈原的《橘颂》。

《橘颂》在屈原的《九章》中,是篇幅最短的一首诗。关于《橘颂》的写作时间,历来有两种说法:写于流放江南期间,或者写于流放之前。从全诗的内容、情趣来看,我认为是诗人早期初仕三闾大夫时的作品。全诗共36句,句式基本属于四言体。前16句为第一段,着重描绘橘树的形象,同时兼带抒情;后20句为第二段,着重抒发诗人情志,同时兼顾咏橘。

首段前六句的意思是说:橘树是天地间美好的树种;它承受天地之命,一来到南服之地——楚国,便习惯于这里的风气、土壤;它根深蒂固,志气专一,不可移动。"受命不迁""深固难徙""更壹志兮"等词语,是对橘树特性的评价,也可说是诗人忠于祖国、坚持推行其政治主张的精神性格的写照。诗人在《惜诵》篇中也曾说过:"壹心而不豫兮","事君而不贰兮"。这里的所谓"事君",意即报效祖国,因为古代贤人志士的爱国思想总是和忠君观念联系在一起的。接下来的几句话:"绿叶素荣,纷其可喜兮。曾枝剡棘,圆果抟兮。青黄杂糅,文章烂兮",生动具体、浓墨重彩地描绘了橘树的美好形象:绿色的叶片,白色的花瓣,重叠的枝条,锋利的棘刺,浑圆的果实,将熟和已熟的青黄色的蜜橘间杂糅合在一起,文采灿烂,美盛可爱。寥寥数语,不仅道出了橘树由初夏开花到秋冬结果的过程,而且描画出了橘树的枝叶、花蕾、果实的色彩和形状,令人仿佛置身于枝繁叶茂、花香馥郁、色彩艳丽、硕果累累的橘树林中,美不胜收,喜不自禁。其下两句:"精色内白,类任道兮",先是由表及里地赞美橘果既有色泽鲜明的外皮,又有洁白可口的内瓤,而后笔锋一转,以拟人手法直抒胸臆:橘树类似表里如一、可以担负重任的仁人志士。作者在这里明以咏橘,实际是提出了为人的标准。我们的诗人本人就是一个表里一致、内在美和外表美兼而有之的人。他在《离骚》中说得好:"纷吾既有此内美兮,又重之以修能。"——"我的内部既有了这样的美质,我的外部又加以美好的装扮。"(郭沫若:《屈原赋今译》)段末两句,先用"纷缊"一词描写橘之香气浓郁,然后连用三个同义词语:"宜修""姱"和"不丑",反复咏颂橘树之美好,喜爱之情,溢于言表。

下段开头两句:"嗟尔幼志,有以异兮"。诗人索性把橘树视为知己好友,呼之欲出,栩栩如生,赞美橘树年轻有为,志行高洁,与众不同。毋庸置疑,这也是诗人当时心境的自白。屈原初任朝官之时,"入则与王图议国事,以出号令;出则接遇宾客,应对诸侯。王甚任之"(《史记·屈原贾生列传》),真可谓风华正茂,踌躇满志。往下几句:"独立不迁,岂不可喜兮!深固难徙,廓其无求兮。苏世独立,横而不流兮。闭心自慎,终不失过兮",逐句深化、步步升华地颂扬了贤人志士卓然特立的英姿,坚不可摧的意志,豁达大度、无所私求的胸怀,洁身自好、横抵浊流的气质,小心谨慎、严于律己的作风。翻阅《楚辞》,我们可以看到许多表现诗人美好德行的诗句。例如"虽体解吾犹未变兮,岂余心之可惩"[《离骚》:"就把我车裂了我也不肯变更,难道我的心还会怕受人威胁?"(郭沫若:《屈原赋今译》)];又如:"举世皆浊我独清,众人皆醉我独醒……安能以皓皓之白,而蒙世俗之尘埃乎?"(《渔父》)"秘密事之载心兮,虽过失而弗治。"[《九章·惜往日》:"只须对机密事经常操心,虽有无心过失,不受处分。"(郭沫若:《屈原赋今译》)]接着,诗人对贤人志士的高尚品质给予结论性的评价:"秉德无私,参天地兮。"其下两句:"愿岁并谢,与长友兮",诗人像是在与橘树面对而坐,促膝谈心:一面慨叹岁月流逝,一去不返,一面表示欲与岁寒不凋的橘树长期为友的愿望。

"淑离不淫,梗其有理兮。年岁虽少,可师长兮",这几句把咏橘和颂人紧紧粘合在一起:橘树——贤人内美外丽,端庄正派;坚强正直,有条有理;年纪虽轻,可为师长,可以效法。结尾两句,引用典故,赞扬贤德之人可与伯夷相比。伯夷,殷末孤竹君长子。周灭殷后,他耻食周粟,饿死于首阳山。从历史唯物主义观点看,伯夷迹近顽固,应予否定,但古代多视其为节义之士。屈原一生坚贞不屈,"虽九死其犹未悔"(《离骚》),从不随波逐流,故以伯夷作比。当然,不论从哪个角度讲,屈原都是远远高于伯夷的。所以,决不可把"置以为像"——树立为榜样——这句话理解为是对伯夷的赞语。

综上所述,可知《橘颂》的主旨是:咏橘颂人,托物言志,通过对橘树美好形象的描绘,表现出诗人远大而坚定的志向,歌颂贤人志士"秉德无私"、光明磊落的宽阔胸怀和"横而不流"、坚贞不移的高风亮节。

中国的"比体诗可以说有四大类:咏史、游仙、艳情、咏物"(朱自清:《诗言志辩》)。《橘颂》在艺术上的主要成就是在我国源远流长的古典诗歌史中独辟蹊径,开创了比体诗的四大品类之一——咏物诗体。自此以后,历代名家写作咏物作品,无不自觉或不自觉地受其影响。

咏物诗的写作,既要对事物的形象与特性作传神的描绘,又要不粘滞于事物本身,在对事物描形绘神的基础上,贴切自然地抒情言志,表达诗人对生活的独到的感受和认识。这就是说,既需入乎其内,又能出乎其外。只有如此,才可称得上是咏物诗的上乘之作。在这些方面,《橘颂》当之无愧,堪称为咏物诗的典范。请看,《橘颂》首段咏橘,不仅从色泽、形态、香味、秉性等角度把橘树描绘得形神兼备、惟妙惟肖,显示出诗人描形状物的精深功力,而且把橘树人格化,赋予其贤人志士的性格、意志,字里行间渗透着作者的激情。句句咏橘又不单是咏橘,而是缘情咏物,既赞美了橘树,又歌颂了贤人。第二段抒情言志,不仅从思想修养、仪表风度等方面道出了诗人所倡导的为人处事的规范,表现出诗人公正无私、效忠祖国的耿耿丹心,抵浊流而不合、出污泥而不染的堂堂气概,贞洁慎独、不犯过失、长年不凋、永葆青春的高尚情操,年幼志高、顶天立地、行赛伯夷、光照日月的卓美形象,而且把哲人贤士物性化,赋予其橘树的形象、品质,字字句句吻合橘树的特性。处处抒情,又不是空洞抒情,而是缘物抒情,既讴歌了贤人,又颂扬了橘树。总之,《橘颂》咏橘则橘中有人在,颂人则人中有橘在,橘被情染,情寓于橘,是一是二,若合若离。虽然不能说其达到了《庄子》寓言的物我为一、物我两忘的境界,但可说是做到了物我双关、妙合无垠的地步。

《橘颂》不愧是形神兼备、寓意深沉的咏物诗的丰碑!

发表于《文学知识》1984年第5期

附录:

橘　颂

屈原

后皇嘉树,橘徕服兮。受命不迁,生南国兮。深固难徙,更壹志兮。绿叶素荣,纷其可喜兮。曾枝剡棘,圆果抟兮。青黄杂糅,文章烂兮。精色内白,类任道兮。纷缊宜修,姱而不丑兮。

嗟尔幼志,有以异兮。独立不迁,岂不可喜兮!深固难徙,廓其无求兮。苏世独立,横而不流兮。闭心自慎,终不失过兮。秉德无私,参天地兮。愿岁并谢,与长友兮。淑离不淫,梗其有理兮。年岁虽少,可师长兮。行比伯夷,置以为像兮。

《兵车行》译析

兵车行

[唐]杜甫

车辚辚,马萧萧,行人弓箭各在腰。爷娘妻子走相送,尘埃不见咸阳桥。牵衣顿足拦道哭,哭声直上干云霄。道旁过者问行人,行人但云点行频。或从十五北防河,便至四十西营田。去时里正与裹头,归来头白还戍边。边庭流血成海水,武皇开边意未已。君不闻汉家山东二百州,千村万落生荆杞。纵有健妇把锄犁,禾生陇亩无东西。况复秦兵耐苦战,被驱不异犬与鸡。长者虽有问,役夫敢申恨?且如今年冬,未休关西卒。县官急索租,租税从何出?信知生男恶,反是生女好。生女犹得嫁比邻,生男埋没随百草。君不见,青海头,古来白骨无人收。新鬼烦冤旧鬼哭,天阴雨湿声啾啾!

《兵车行》是唐代诗人杜甫所作的新题乐府。这首诗反映唐玄宗天宝年间征讨吐蕃的战争。唐玄宗早年励精图治,后重用李林甫、杨国忠等,妄开边衅,连年攻打吐蕃。天宝六年,玄宗派王忠嗣攻吐蕃石堡城,忠嗣不从。天宝八年,玄宗复使哥舒翰攻石堡,唐兵死者数万。天宝九年冬十二月,玄宗又派关西游奕使王难得征兵击吐蕃,此时杜甫正在长安,感时而作这首《兵车行》。另说此诗写天宝十年击南诏事,与诗意不符,前人已斥其非。

诗的开头,诗人勾勒出一幅"送别图",形象地表现出诗人反对唐王朝无休止的开边拓疆,穷兵黩武。"车辚辚,马萧萧,行人弓箭各在腰",三言两语,写出战士出征行军的紧张场面。"辚辚",众车声;"萧萧",马鸣声;"行人",指出征的人。车马的喧闹,征人的行进,拉开了悲剧的序幕:"爷娘妻子走相送,尘埃不见咸阳桥。牵衣顿足拦道哭,哭声直上干云霄。"一个"走",写出了"行色匆匆",因为"走"字在古代意思是急行、奔跑。"行人"被逼匆匆出征,老弱妇孺只好奔跑呼喊着跟亲人告别,人多拥挤,尘土飞扬,远远望去,咸阳桥也笼罩在尘埃之中。咸阳桥,位于咸阳县西南,横跨渭水,是长安通往西北的必经之地。在离别的最后时刻,有的依恋不舍,"牵衣"相偎;有的义愤填膺,"顿足"无奈;有的不顾一切,"拦道"苦留。官道上,人人都在伤心哭泣,哭声直冲云霄,一时间天昏地暗,日月无光,这远征前的哭别声,就是对唐玄宗穷兵黩武政策的控诉。

紧接着,诗人运用记言形式,通过对话表现人民对唐王朝的怨恨,反映唐王朝由于不断对外用兵,造成农村生产凋敝,百姓惨不堪言的社会现实。"道旁过者问行人,行人但云点行频。""点行频"以下,都是征夫的诉说。由于抽丁征兵频繁,有的从十五岁就开始服役,到黄河西北设防,抵抗吐蕃侵扰,待到四十,仍在营田服役。初服役时因年太少而里正为之包扎头巾,归来时头发已白,仍要戍边。"边庭流血成海水,武皇开边意未已。"所有的灾难,全是由唐玄宗扩张疆土的野心尚未满足而造成的。武皇,即汉武帝,唐人多以汉武帝比唐玄宗。由于唐玄宗的穷兵黩武,秦地士卒苦于兵役,而及山东二百州,无地不在行役,千村万落田园荒芜,无人耕作,诗人特地用"健妇"反衬,愈见百姓苦不堪言的真实情况。"长者虽有问,役夫敢申恨?"一个"敢"字,明言在高压政策下噤如寒蝉,却又因积怨在心,欲忍不能:"且如今年冬,未休关西卒,县官急索租,租税从何出?""且如",即就如;"休",罢兵;"关西卒",即秦兵,战国时,秦国地处潼关以西。面对残酷的现实,"行人"继续哭诉道:"信知生男恶,反是生女好。生女犹得嫁比邻,生男埋没随百草。"秦始皇时,使蒙恬筑长城,尸骨遍野,民歌曰:"生男慎勿举,生女哺用脯。不见长城下,尸骸相支拄。""行人"的哭诉,化用这首民歌,好像面对"爷娘妻子"诀别赠言,极为沉痛。"君不见青海头,古来白骨无人收。新鬼烦冤旧鬼哭,天阴雨湿声啾啾!"青海头,即青海边;啾啾,鸟叫声,用以形容"鬼"的叫声。诗的开头,诗人描绘送别场面,以人哭叙起,卒章则照应开头,以鬼哭作结,前后对应,给人以联想:"目中之行人,皆异日之鬼队也。"想来真是"悲惨之极"

（方东树语）。

杜甫的乐府诗,继承了汉乐府"缘事而发"的现实主义传统,即事名篇,摆脱了乐府旧题的局限,这首《兵车行》的创作,既可看出乐府中"皆军旅辛苦之辞"的"从军行"的影响,又可看到杜甫天才的创造。

原载于《乐府诗鉴赏辞典》,中州古籍出版社 1990 年 3 月版

既非最好，也非糟糕
——我看《笑傲江湖》

《笑傲江湖》剧播放伊始，金大侠说央视版的"最好"；临近播完之际，却盖棺论定其"拍糟了"。可谓出尔反尔，自相矛盾。不管金大侠怎么自圆其说，我认为都是不符合客观实际的。

并非"最好"，而是基本成功；虽有缺憾，绝非"拍糟了"——这就是我对央视版《笑傲江湖》剧的评价。

先说成功。不论是主要人物还是一般人物，正面人物还是反面人物，抑或是亦正亦邪不好不坏的人物，皆形象鲜明，个性突出。剧中的青年演员们的表演虽然尚欠火候，略嫌稚嫩，但都十分投入，感情真切。令狐冲在岳灵珊坟前叩拜岳夫人，哭喊师娘为亲娘的情景感人至深，催人泪下。剧中的中老年演员们的演技更是炉火纯青，可圈可点。岳不群的虚伪阴狠，宁中则的善良刚韧，方证大师和冲虚道长的慈善沉稳、深谋远虑，向问天的侠义，不戒和尚的豪爽，任我行的霸气，东方不败的妖媚……都表现得淋漓尽致，恰到好处。此其一。其二，故事情节根据电视剧的特点对原著作了必要的调整和改动，既悬念丛生，紧张惊险，又脉络清晰，易于理解。全剧以令狐冲的命运遭遇为中心，以五岳并派、正魔对峙和各派对辟邪剑谱的追寻争夺为明、暗线索，以《笑傲江湖》曲为灵魂点、破、收题，四十长集，繁而不乱。其三，在人物对话和情节演绎中自然而贴切地体现出我们中华民族在文治武功、人伦道德、诗文乐典、琴棋书画、辩证哲理、医药酒食等方方面面深厚的文化底蕴，使人们既得到了娱乐，又开阔了眼界，增长了知识。其四，武打设计精致，套路很多，场场精彩而且极少有动作重复。其五，活动场景逼真，服饰道具考究，山水风光雄奇秀丽。在祖国内地能拍出有这样许多优点的武侠剧实属难能可贵。我怀着浓厚的兴趣，由头至尾一集不落地看完了全剧。

尽管在《笑傲江湖》剧播放过程中,从网络和报纸上看到许多对其品头论足、骨中挑刺的贬低言论,然而都未能动摇我的观赏兴致。

再说缺憾。其一,对原著情节和人物命运的删改有所不当。让绿竹翁早早死去没有必要;让林平之、左冷禅死于岳不群之手还可以理解,让向问天、任我行也死于岳不群之手则显然不妥。令狐冲尚能以吸星大法制住岳不群,吸星大法的创始人任我行却轻易被岳杀死,于理不通。原著结尾部分的一个很精彩的情节——由向问天和绿竹翁二人护驾,新任日月神教教主任盈盈乘轿莅临恒山,向方证大师、冲虚道长和令狐冲赠送礼物……由于向、绿二人已死,自然无法展演,只好删除,令人惋惜。令狐冲之后,恒山派的掌门按理讲当由仪清接任,而《笑傲江湖》剧却改为仪琳,显得唐突,有悖情理。至于金庸先生深为反感的在二十八集中"竟把任盈盈变成了一个妓女"一事,我觉得那不过是令狐、任二人在客店中看到三个来者不善的黑衣人(冀北三雄),为避嫌而故意逢场作戏的调侃,倘若据此认为"人物的个性与原著相差太大"了,未免有些言过其实了。其二,主题曲有失大众化。《笑傲江湖》剧的主题歌词不错,简明切题,曲谱设计与全剧的主题意境应该说也是基本吻合的。但是由于过于追求曲调的新、奇、特、怪,所以听起来虽确是前所未闻,与众不同,奇则奇矣,怪则怪哉,然而曲高和寡,有碍大众接受,难以随和传唱。曲前的"噫——呀"一声,配以急光快镜头的皮笑肉不笑、人妖似的东方不败和张牙舞爪的任我行等人物的人头画面,令人一惊一乍,老半天缓不过劲来。儿童和心脏不强者此处真是不宜观看。主题曲中刘欢唱的前几句气度尚可,王菲唱的后几句的声调过于单调,缺少起伏变化。作曲赵季平先生是有名的曾为《水浒》谱过主题曲的大腕。最近在报纸上看到他讲"《好汉歌》唱滥了大街,我不希望《笑傲江湖》也是这种感觉"。这就让人弄不懂了,难道让《笑傲江湖》曲也像《好汉歌》那样受群众欢迎、争相传唱不好吗?

总之,央视版《笑傲江湖》虽有不少缺憾,但瑕不掩瑜,整体看不失为一部基本成功的佳作。

2001年3月

植树风波

一

星期日傍晚,高一二班的班主任时洪轩一家五口正围坐在小方桌前吃饭时,门外有个女学生一连两声喊:"报告!"

"进来!"听到喊声,时老师就知道准是学校里的体育老师杜家声的女儿杜明霞。这孩子关心集体,要求进步,是申请入团的积极分子。时老师放下碗开门一看,果然是扎着两个短辫、个不大高的杜明霞,扛着铁锹,拎着水桶,笑吟吟地站在门台下边。

"进来说吧。你是刚从邙山回来的吧?"时老师高兴地问道。杜明霞忽闪着大眼睛点了点头:"嗯。不进去了。时老师,这个水桶是高晶让我捎回来的,她说请您明天早上交给保管室的刘老师。"

"好,交给我吧。"时老师接过水桶,又向杜明霞问他最关心的一个问题,"班上的团员们都带铁锹了吗?"

"哎呀,铁锹可惨了!我见男团员们带了三把,女的就高晶一个带了,加上我这把,一共才五把。"

"啊?"时老师听到带铁锹的情况,拧起双眉,敛起笑容,扶了扶滑在鼻梁上的眼镜,又问道,"水桶带了几个?"

"两个:高晶一个,刘健一个。没事儿我回家吃饭了。"

"好,没啥事儿了,快回去吧。"

时洪轩把水桶搁到小厨房,走进屋里,往小板凳上扑咚一坐,端起饭碗,抄起筷子,夹起来的两根面条还没进嘴,气呼呼地喷出一句话来:"真不像话!"

47

"怎么回事？"爱人问道。

"昨天下午打扫卫生，我们班是到校门外挖排水沟。中午我宣布下午都带铁锹来，可到干活时一看，全班只带来十来把。当时真把我气坏了，我说：'没铁锹的都回去找去，找不到就别过来！'过了半个来小时，大部分都拿着铁锹过来了，也不知道这帮孩子们从哪弄的工具。一问才知道是从别的班借来的。劳动结束时，我在校门口整队集合，大声宣布明天团员们到邙山植树，每人带一把铁锹，千万别忘。可刚才听杜明霞说，全班十二个团员，只有四个带锹的，你说叫人生气不生气！"时老师吸溜一口面条，筷子往碗里一戳，接着说，"明天早上，我非得在班上对这些团员狠狠地批一顿不可！"

二

转天晨读时，时洪轩来到教室，走到最末一排高晶跟前，小声问了一下昨天带工具的团员和自动前往植树的几个非团员同学的姓名，便匆匆走上讲台，先简略地表扬了一下这些同学，而后板起面孔，声色俱厉地讲道：

"常言道'工欲善其事，必先利其器'，没有铁锹，两手空空，请问怎么挖沟，怎么植树？因为工具问题，前天下午我刚批评过你们，真没想到昨天又有这么多人不带！你们还有点儿记性没有？！"讲到这里，时老师想起去年暑假前他带过的一个高二乱班，每逢劳动也是不听指挥，不带工具——当然，现在的班比那个班强多了，全市统招的，论学习那是没比，纪律也好；要是原来那个班，前天下午我要是也那样让他们都回去找铁锹去，那他们准会一捻大拇指，屁股一扭，扬长而去，一去不返——然而，教师的任务是把学生培养成有理想、有道德、有知识、有体力的全面发展的人，决不能只满足于学习好；一般说，这些城里生城里长的孩子们的劳动观点、劳动习惯和劳动技能都差点儿，多多少少都有点儿娇气，所以，时洪轩想决不能心软，必须严格要求，加强教育。他扶了扶下滑的眼镜，继续说道："你们心目中还有我这个班主任没有？我说的话到底算数不算数？如果说我提的要求不合理，你们可以不执行；难道说劳动让带铁锹不对吗？昨天是团里组织的活动，人家杜明霞同学是个非团员，还带着铁锹去，而你们团员却不带，这说得过去吗？你们团员的觉悟哪儿去了？不觉得寒碜吗？我要是个团员的话,就会羞愧得无地自容！请问,懒得带锨,是什么思想在作怪？是不是嫌麻烦,嫌累得慌？是啊,空着手是比扛着铁锨掂着水桶轻松！"说到这儿,时洪轩下意识地觉察到自己刚才讲的话有的地方可能措辞不当,近乎讽刺挖苦,便提醒自己冷静点儿,不能损害学生的自尊心,应以正面教育为主。他缓步走下讲台,环顾了一下学生的表情,接着说道:"这几天,你们注意听广播、看报纸了吗？许多领导同志都和群众一起挥起扫帚,抡起铁锨,清扫垃圾,掘坑植树,你们年纪轻轻,风华正茂,怎能在我国第一个全民文明礼貌月的活动中落后呢？昨天凡是没带工具的团员们,今天都要自觉地在自己的日记本上写个检查,明天晨读时交给我。"

在时老师讲话过程中,团支书高晶一直是神态安稳,洗耳聆听;宣传委员尤丽秋一会儿皱眉噘嘴,一会儿低头颤腿,一会儿捻辫梢,一会儿拢衣襟,有时还悄声嘟嘟囔囔,好像是受了莫大的委屈似的;其他同学有的正襟危坐,若有所思,有的始终低首不语。时老师离开教室之后,团员们你一堆我一伙地凑到一块儿,异乎寻常地热烈讨论开了。

"真倒霉,真倒霉！花了一块钱,累了一整天,挨了一顿批！"尤丽秋坐在位上又是摔书,又是跺脚,发完牢骚又起腰、噘起嘴,扇动鼻翼,哼哼出气。

"时老师这回犯官僚了,不了解情况瞎批评！"站在尤丽秋跟前的焦小玲噘着嘴说。

"丽秋,你刚才的情绪可不对啊。"高晶从教室后边走过来,坐到尤丽秋旁边,左手搭在她的肩膀上,右手拨拉一下她的嘴,笑着说道,"别噘嘴了,也不嫌难看。我问你,前天下午放学时时老师让团员们都带工具时,你咋不对时老师说明团委会布置的带工具的精神要求？"

"时老师当时正为工具问题发脾气呢,谁还敢言声？"尤丽秋说。

"所以呀,这事就不能怪罪时老师啊。咱们是团干部,可不能一听表扬就笑,一听批评就跳。特别是当受到与事实有某些出入的批评时,更应当拿出我们团员的涵养来。何况时老师刚才所讲的话,都是为咱同学们好啊。"经高晶这么一说,几个女团员都不再吭声了。

文章篇　49

"我说诸位,时老师今天之所以发这么大的火,你们说原因究竟何在?"语文课代表刘健指手画脚、摇头晃脑地对几个男团员发问道。

"叫我看哪,是因为咱们一连两次没按他的要求带工具,摘了他班主任的面儿了,还能不发火?你们瞧,"个子矮胖、贪玩爱逗乐儿的许永昌学着刚才时老师的姿态和腔调说道,"你们心目中还有我这个班主任没有?!我说的话到底算数不算数?!"

"哈哈哈……"许永昌绘声绘色的表演把好多同学都逗乐了。

"喂喂,大伙儿别笑。我认为许永昌这话是以小人之心,度时老师君子之腹。胖墩儿你别生气,我这是打比方,并非说你就是小人。"刘健不容许许永昌反驳,滔滔不绝地说道,"咱们的时老师决不是那种小肚鸡肠之人。事实不用多摆,单表一件:上学期咱们班与七班比赛足球,眼看就要把球射进对方球门,不料裁判错判咱们班犯规,对方犯规者得意洋洋,还故意玩个鬼脸气咱们的胖墩儿,"讲到这里,刘健指了一下胖墩儿许永昌,见他耷拉下了脑袋,接着说道,"当时,胖墩儿气极,骂了他一句'没羞没臊,不知廉耻!'对方顿时恼羞成怒,连骂带推,把胖墩儿揉倒在地。胖墩儿自卫还击,跳起挥拳,猛击对方腰部;又飞起扫堂腿,一脚把对方——外号叫做老鼠的赖长发——踢个四肢朝天。于是,双方队员一拥而上,一场大打出手的混战眼看就要爆发,时老师闻讯跑来,大吼一声:'住手,静下来!'简单问了一下事情原委,二话不说,先狠狠地批评了咱们班,并向裁判表示歉意道:'胡老师,对不起,今天这事主要怪我事先没教育好我们班学生。'球场平静下来,比赛继续进行,最后咱们班以一比二败北。从操场回教室时,大家垂头丧气,怨声载道;进到教室,咱班不少女同学都气哭了。时老师面对此情此景,从精神文明讲到体育道德,讲到我国和世界体坛上的许多以风格、友谊为重的动人佳话,讲到要树立什么样的集体主义精神和荣誉感,直到同学们心平气和、口服心服为止。转天早上,时老师又亲自带着胖墩儿到七班赔礼道歉。这下子感动了上天,当天下午自习时,七班的魏老师也带着赖长发到咱们班赔礼道歉来了!诸位,对此事大家还记忆犹新吧?胖墩儿你怎么能说——"刘健瞅瞅胖墩儿,见他正低头揉眼,泪水滚流手面,后半句话便不再出口,咳一声清一下嗓子,最后说道,"时老师刚才对我们发火,就前天下午的情况讲,完全正确,无可非议;就昨天邙山植树而论,固然有所不妥,然而我们应当本着有则改之,无则加勉的态度来对待。"

"我完全赞成刘健的看法。"身材修长健美的团支书高晶站起身来,拢一下耳鬓前乌黑柔软的短发,从已经平静下来的尤丽秋跟前走过来,沉稳而响亮地说道,"时老师刚才批评我们的出发点完全是善意的。就说怕苦怕累的思想吧,团员同志们都想想,难道说我们没有吗?我就有过,现在也不敢说已经彻底克服了。今天这事全怪我,不能怪时老师。前天上午课间操后我向时老师说这事时,没有具体说明带工具的安排问题,今天我又没有赶在晨读之前主动向时老师汇报昨天的劳动情况。顺便提一下,刚才有同学讲:时老师要是昨天也去邙山就没事儿了。同学们大概都不知道,前天下午我在团委会开会时听说全校的老师们昨天下午都没休息,打扫家属区的环境卫生。不然的话,即使领导不要求班主任跟着,我也坚信时老师一定会前往的。同志们谁还有什么意见就冲我提,不要冲时老师发牢骚。"高晶一向严以律己,以身作则,工作积极、认真、有魄力,帮助同学热情、耐心,而且学习优秀,各个学科,历次考试,很少下过90分,又是校运动队的中长跑运动员,所以不论女同学还是男同学,都很佩服她,拥护她。她说完之后,教室里秩序立刻稳定下来,同学们都各回各位,准备上课了。

三

中午放学后,高晶咚咚咚一步两梯地跨下教学大楼,小跑着来到物理教研组,在门口迎面碰上时老师,便把有关情况详细地做了汇报。

下午自习时,时老师来到班上,对同学们说道:"今天中午,听了高晶同学的汇报,我深感内疚,备受教育,心潮起伏,思绪万端。首先,我在这里郑重地诚恳地向团员同志们赔礼道歉!团员同志们,我委屈你们了。今天早上,由于我没有认真、全面地了解情况,哇哩哇啦乱批一通,实在不该!昨天,全体团员和八名同学响应团市委号召,在校团委和班团支部领导下,前往邙山营造'青年林'。你们自掏车费,自带干粮,披星戴月,早出晚归。按团委布置的精神,只需带三分之一数量的工具,这就是说,咱们班实际上还多带了一把铁锨呢。在干活过程中,尤丽秋等同学们说:'昨天下午在校内劳动中,咱们惹时老师生气了,今天咱们都要争口气,好好干,明天回校汇报,让时老师高兴高兴!'这话讲得多好啊,作为一个人民教师,我感到无限欣慰!你们是这样说的,也是这样做的。"时老师情绪激动,眼眶湿润,走下讲台,扶了扶深红色的镜架,接着说道,"你们在提前完成了团委分配的任务之后,又主动支援初三八班,因而受到了校团委的表扬。好啊,同学们,我真为你们高兴!你们以实际行动为绿化祖国做出了贡献!"

时老师讲完,杜明霞站起来。"时老师,"她揉了揉水汪汪的眼睛,几颗晶莹的泪珠滚落在手面,痛楚地说道,"这事都怪我,要不是我昨天晚上带着不满意的情绪向您说带工具的情况,也就不至于造成今天的误会。我向您,也向团员同志们检讨。"

"杜明霞同学,你坐下,不要难过。这事不能怪你,只能怪我。你不了解情况,见工具带得不多不满意,正是关心集体、爱护集体的表现。同学们,你们说我讲的对吗?"

"对!"联系到杜明霞平素热爱集体、关心集体的表现,同学们都向她投以赞赏的目光。

接着,高晶举手发言道:"这件事的责任完全在我。今后,我一定汲取教训,团里边再搞什么活动,一定要和班主任老师及时联系,密切配合,取得老师的支持和指导。"

尤丽秋再也坐不住了。高晶发言的时候,她就举起了手,高晶的话音一落,她腾地一下站起来,望着年近半百、鬓发花白、身体高瘦、可亲可敬的时老师,激动地说道:"时老师,我对不起您!"她从桌面上拿起印有向阳花图案的小手帕擦了擦眼,接着说:"这件事的责任全在我身上。前天下午劳动快结束时,团委招呼高晶去开会,临走时她交代说让我放学后再嘱咐一下她已经安排好的几个团员别忘了带工具。时老师您在劳动结束后强调让团员们人人都带工具时,我就估计到您可能是不了解情况,可我当时没吭声。尤其错误的是,我今天早上在教室里发牢骚,讲怪话,在同学中造成了很不好的影响。时老师,请您狠狠地批评我吧!"

许永昌举起了手,焦小玲举起了手,刘健举起了手,团员们、同学们纷纷举起了手……

柔和的阳光穿过洁净的窗棂,在教室雪白的东墙上洒下一抹艳红的光辉。望着四十多个容光焕发、挺胸端坐的青年,时洪轩心潮难平,浮想联翩:他仿佛看到了一颗颗鲜红、稚嫩、透明的心在跳动,仿佛看到了一个个矫健的身影在铺满锦绣的祖国大地上跃动,仿佛看到不太远的正前方矗立着一座二十层的科学大厦,楼顶前檐中间竖插着一颗与蓝天、白云交相辉映的、闪耀着万道霞光的红五星……时洪轩情不自禁地内心自白道:"敬爱的毛主席、周总理啊,你们生前亲手绘制的四化宏图的完成,指日可待矣!"想到这里,他摘下眼镜,揩拭一下滴在镜片上的晶莹泪珠,旋即戴上,双手虚按,让仍然举着手的同学们都把手放下,而后转身迈上讲台,拿起一支粉笔,仰起清癯温厚的面孔,神情庄严地说:

"同学们,请你们拿出日记本,把今天发生的这件事写下来,题目就叫做——"时老师抬起长臂,转向黑板,一笔一画工整而有力地写出了四个大字"植树风波"。

1982 年 4 月

丢薪之后

上午第四节下课后,大个子班长王朴在后排高声喊道:"同学们先别走,我说个事,"他捏着未插帽的钢笔,几步跨到讲台前,"前天下午,咱秦老师领着她母亲去医院看病,在上汽车时被小偷掏了腰包,一个月的工资全丢光了!秦老师一家四口,这月生活咋办?班委会研究决定,请同学们自愿捐款,帮助秦老师渡过难关,大家同意不同意?"

"同意!"全班五十人同时响亮地回答。有几个男同学挥动拳头愤愤地说:"这个小偷真可恶!逮住他非狠狠揍他一顿不可!"

"好,大家根据自己的经济条件,多少不限,带钱的现在就交,没带的下午再交。"王朴走到生活委员跟前说,"刘明,拿一张白纸,我收钱,你登记。"

身上有现钱的大多是住校的同学,有的交五角,有的交一元,也有的交两元。一个小个女同学拿着十张一角的食堂饭票交给王朴:"班长,我没有现钱,就兑饭票吧。"王朴知道她经济条件不好,诚恳地说:"杨晓蕾,你别交了,我替你交上一元钱。"

杨晓蕾把饭票往桌子上一按,涨红着脸激动地说道:"前年一天晚上我得了急病,秦老师深夜冒着风雪把我背到医院,打完针又把我背回她的宿舍,守护我整整一夜,一连几顿从食堂给我端来鸡蛋汤面……"两串晶莹的泪珠从她的圆脸蛋上滚落下来,"现在秦老师有了困难,我条件再不好,也要支援她,这是我的一片心意呀。"

秦老师从初一到初三,一直担任他们的班主任。要说起她关心爱护学生的感人事迹,同学们谁都能张口说上一大串,挥笔写出一长篇。杨晓蕾的一席话,使在场的女同学们一个个此起彼伏地抽鼻擦眼。王朴揉了一下潮湿的眼睛说:

"好,杨晓蕾,我收下你的饭票。"

下午第三节上自习时,秦老师照例来到教室。王朴迎上前小声说:"秦老师,听说您前天丢了钱,同学们都很难过。"他把一个纸包递给秦老师,"这是同学们凑起来的一些钱,请您收下。"

"噢,你们的消息好灵通啊。"秦老师接过纸包,睁着两只明亮有神的眼睛,温和地问道,"是你爸爸告诉你的吧?"

王朴的爸爸也是这个学校的老师,而且和秦老师同在一个教研组,所以秦老师的估计自然错不了。王朴挤弄一下眉眼,点一下头,转身走回他的座位。

秦老师打开纸包,右手食指往舌头上一抿,一张张地数了一遍,连现金带饭票,共六十元,和她的工资差不多。她缓步走上讲台,手微颤着把钱重新包进纸包。掏出白手绢擦拭一下湿润的眼睛,抬起头拢一下搭在耳鬓前的几缕乌黑的短发,无限深情地环顾一下端坐着的五十个同学,张开激动的双唇:"我由衷地感谢同学们对我的关心!你们的心意我收下了。"她闪动一下水灵透亮的眼睛,含笑说道:"告诉同学们,校行政和工会领导已经发给我五十元的困难补助费了,大家不必为我担心。王朴,"她朝后排走去,"你把这些钱退给同学们吧。"

过了一段,王朴从他爸爸口中知道了事情的真相。有天课后,他来到秦老师住室,以崇敬而又带点儿嗔怪的语气问道:"秦老师您平时总教育我们说话要诚实,可您自己为啥不以身作则?"

"呦呵,你可别冤枉好人哪。"秦老师扑闪着狡黠的眼睛,半开玩笑地说。

"哼,您当我不知道哇?!上个月您丢钱后,领导要发给您补助费,您坚决不要。结果是您在工会储金会借了五十块钱,对不对?"

"对对对,好好好,我接受你的批评。哎,不过,这事儿你可得给我保密,不要向同学们透露,可以吗?"

"嗯。"王朴瞅着秦老师端庄秀丽的面孔,虔敬地点点头,"秦老师,没事我去操场活动了。"

文章篇

55

"好,去吧。"秦老师站立在门台上,良久注视着王朴魁梧的背影,激情满怀,不禁默默自语,"多好的班长,多好的同学们啊!"

1986 年 7 月

大中原畅想曲
——献给党的十八大

乘着党的十八大即将召开的东风,中原经济区编制启动会2012年8月7日在郑州举行。党中央、国务院一声号令,以河南全省为中心,涵盖晋、冀、鲁、皖部分地区的大中原时代开始跨步了!

大中原历史悠久,人杰地灵,魅力十足,系闻名中外的人文考察、观光旅游的圣地。郑州市中心将辟建一个巨型的大中原广场,以各种科技手段介绍中原地区的名山大川、杰出人才、旅游线路、交通设施。各个旅游景点均返璞归真,整修一新,令人叹为观止,流连忘返。

大中原是我国的交通枢纽、物流中心。以郑州为中心的高速铁路四通八达,一两小时内可直抵周边任何一个大中城市;国际机场可直航世界各国首都;以黄河、淮河为主干,串通全区河流湖泊,南接江汉、东接海洋,货船游艇鳞次栉比,交相辉映。

大中原是我国实行不牺牲农业和粮食、不破坏环境和生态,新型城镇化、新型工业化、新型农业现代化的"两不三新"、协调发展的示范区。未来的大中原农村沃野千里,五谷丰登,旱涝无忧,连年增产,山明水秀,空气清新,纤尘不染。农民弟兄们都居住在本乡本村内新建的城镇社区,楼墅林立,房外绿树掩映,屋内家电齐全;与农业配套、科技含量高、效益良好、污染很少的工厂分布于社区边缘,为民服务效率高、态度好、质量优的商场、医院、学校、影剧院、通讯机构等坐落于街道两旁;以稳定和完善的家庭联产承包责任制为基础,在农业耕耘、收获、加工、储运的各个环节中,不断提高机械化、标准化、集约化、组织化、产业化的程度。

美哉大中原,伟哉大中原!

2012年11月

"模仿"与"抄袭"

初写作文,免不了要模仿范文。或模仿其引人入胜、发人深思的开头、结尾,或引用其精练生动的词语,或吸取其深刻的主题寓意。这是合乎习作规律的正常现象。即使有名的作家,有时也是短不了要仿效他人的。唐代的著名诗人白居易,就曾经在他的部分诗篇中,有意识地师法杜甫的诗作。如他的《新制布裘》诗中"安得万里裘,盖裹周四垠。稳暖皆如我,天下无寒人"诸句,就是由于受到杜甫的名作《茅屋为秋风所破歌》中"安得广厦千万间,大庇天下寒士俱欢颜"等诗句的启发而写出来的。二者取材不同,句法有异,但字眼儿近似,寓意相通——都表现出诗人同情天下穷苦人民的思想。一个是借"厦",希望"天下寒士"都有房子住,都喜笑颜开;一个是借"裘",希望"天下寒人"都有衣服穿,都温暖如春。白居易在这里为我们提供了习作模仿的范例。他模仿得甚好。好在他不是机械地原样照搬,而是根据自己的生活经历,灵活有变地仿效。

同学们在模仿范文写作时,常见的弊病主要有:不解词意,张冠李戴;不顾实际,生搬硬套;东拼西凑,一味抄袭。比如,有的同学对鲁迅的《一件小事》中的"装腔作势""毫不踌躇"等词语不求甚解,在自己的作文中胡乱套用,说什么"×老师装腔作势的讲课,使我很受感动","在整整的一堂课上,我都是毫不踌躇地认真听讲"……文理不通,以贬为褒,令人啼笑皆非。又如,有的同学模仿碧野的《天山景物记》的结尾,在描写自己学校校园景象的作文末尾写道:"朋友,××中学的美景何止这些,处处有丰饶的物产,处处有奇丽的美景……"说校园里有"奇丽的美景",虽然言过其实但还勉强可以,说校园内处处有"丰饶的物产",那显然是不符实际的生搬硬套。再如,有的同学搜罗几篇不同体裁的文章,作为应付作文的"法宝",每逢作文,略加更改,便不加引号地大段照抄……上述种种,都是习作模仿的痈疽,必须坚决除掉。

总之,准确灵活、切合实际、富有创造性地模仿范文,是完全可以的;生硬机械、不切实际、照葫芦画瓢地抄袭别人的文章,则是实在要不得的。

发表于《习作月报》1981 年第 9 期

略谈学习普通话

郑州人学习普通话并不难,关键是抓住要领。要领有三:

一、语音。和普通话相对照,郑州语音中有些是声母发错,有些是韵母发错,有些则是声、韵母皆错。声母发错者,例如:"波"字,普通话读作 bō,郑州话读作 pō;"深"字,普通话读作 shēn,郑州话读作 chēn。韵母发错者,例如"烙"字,普通话读作 lào,郑州话读作 luò。声、韵母都发错者,例如"足"字,普通话读作 zú,郑州话读作 jú;"嫩"字,普通话读作 nèn,郑州话读作 lùn。

二、声调。郑州话的声调同普通话对照,数量、类别是相同的,都是四个:阴平、阳平、上声、去声。区别主要在于调值的高低不同。譬如北京音的阴平调,郑州音则为阳平调;北京音的阳平调,郑州音则为去声调;北京音的上声调,郑州音则为阴平调;北京音的去声调,郑州音则为上声调。例如妈、麻、马、骂这四个字,北京音分别读作 mā、má、mǎ、mà,郑州音则分别读作 má、mà、mā、mǎ。因此,郑州人要想读准普通话,必须有意识地纠正郑州声调。

三、词汇。郑州话与普通话的词汇大多数是一致的,只有少量不同。例如郑州土语中的"不瓤""老抠",普通话中则为"不简单""小气"。这些,靠多听广播,多讲,语言习惯是可以纠正的。

发表于 1983 年 10 月 26 日《郑州晚报》

自拟文题四忌

近几年来,在各地高考预选和全国高考的作文试题中,连续采用了提供材料,让考生自拟文题写文的方式。这种方式一箭双雕,既考查了考生的阅读能力,又考查了考生的写作能力。

标题是文章的眼睛。题目拟得好坏,关乎着文章的优劣成败。根据近几年考生自拟文题中出现的问题,我觉得主要应防止四种偏向,权且叫作自拟文题"四忌"吧。

一忌搞错体裁。例如1983年全国高考作文,试题上明确规定让根据一幅《挖井》的漫画写一篇议论文,有的考生的文题却是记叙型的:《记李庄挖井过程》《××村挖井记》;又如1984年全国高考作文,要求根据中学作文教学存在的问题写一篇议论文,不少考生所拟文题也都是记叙性质的:《记一次作文课》《记我班的一次课外活动》《我们学校的新面貌》……

二忌题目过大。如1984年全国高考中,有考生拟题为《论文学的真实性原则》《论教育制度必须改革》等;再如去年河南省郑州市、开封市高考预选作文题,要求根据北京市中学生举办文化节的报道材料写篇议论文,有的考生拟题为《论人才》《论青年人的历史使命》等。这些题目,不要说是中学生,就是大专家、大作家也难以在有限的考试时间内写清楚。

三忌脱离所提供材料拟题。如前年全国高考时,有考生拟题《知识就是力量》——这与作文教学中存在的问题有什么相干?又如去年郑州市高考预选时,某考生的文题:《高考制度的利弊》——这与中学生举办文化节一事有什么密切关系?

四忌题目冗长啰唆。仍以前年全国高考和去年郑州高考预选中的一些文题为例:《科学是指挥员,实践是战士,努力练习写作吧同学们》《学好作文一定不要忘记打好坚实的基础,经常请教》《青年人啊,是社会的前奏》《学校元旦团组织活动的随想》《中学生们的饥饿总有到头的时候》……这些题目,不只是啰唆冗长,不像文题,而且有的还文理不通,令人啼笑皆非,莫名其妙。

发表于《中学生文苑》1986 年第 8 辑

把握规律，提高能力

高考语文复习范围广，内容多。其中，根据教学大纲的要求和中学教材内容，我认为一个高中毕业生应把握的语文知识规律、应具备的能力主要有以下十二项。

一、掌握拼音规则，正确地为汉字拼音。①为汉字拼音时，专用名词和每句话开头的第一个字母要用大写，词要连写，词与词之间小有间隔。例如：我爱长城，我爱黄河。Wǒ ài Chángchéng，Wǒ ài Huánghé。②关于加写或换写 y、w 的规则。汉语拼音方案韵母表中规定，i、u 自成音节时，前面加写 y 和 w，如 yi（衣），wu（乌）；i 行的其他韵母自成音节时，将 i 换写成 y，如 ya（呀）等，u 行的其他韵母自成音节时，将 u 换写成 w，如 wa（蛙）等，如果 i、u 两行韵母不自成音节，即是说前面有声母时，则维持原样写法，既不加写也不换写 i、u，如 ji（机）、jian（尖），tu（突）、tuo（拖）等；ü 行的韵母，前面没有声母时，一律加写 y，如 yu（迂）、yue（约）、yuan（冤）、yun（晕），如果前面有声母时则维持原样写法，如 lü（吕）、lüe（略）等。③ü 行的四个韵母跟声母 j、q、x 相拼的时候 ü 上两点省略，跟声母 l、n 相拼的时候，ü 上两点应保留。这是因为：在普通话中，j、q、x 三个声母根本不与 u 这个韵母相拼，所以省去 ü 上两点不至于产生误解；l、n 两个声母既可与 ü 相拼，又可与 u 相拼，所以 ü 上两点必须保留。④iou、uei、uen 三个复韵母前面加声母时，中间的一个音素省去不写，如 niu（牛）、gui（归）、lun（论）。⑤声调符号(ˉˊˇˋ)标写的位置是音节的主要母音之上。主要母音有六个，依次是 a、o、e、i、u、ü，音节中有 a 就标在 a 上，无 a 时就标在其他主要母音上，依次类推，如"楼"：lóu，"伟"：wěi 等。顺便提一下，iou、uei 两个复韵母跟声母相拼时，声调标在末一个母音之上，如 niú（牛）、huì（会）；uen 跟声母相拼时，声调标在前一个母音之上,如 lùn(论),这是因为末一个音素 n 是辅音,而辅音是没有资格表示声调的。凡调号标在 i 上时,i 上的点儿省去,如上边"会"字的拼音。此外,凡轻声字,一律不标声调。⑥关于隔音符号(')的使用规则。a、o、e 单独作音节或以其作头母的音节,连在其他音节后面,容易发生音节界限混淆的时候,使用隔音符号,书写在两个音节的中间偏上的位置。例如:pí'ǎo(皮袄)、fāng'àn(方案)、jī'áng(激昂)、mù'ǒu(木偶)、zuì'è(罪恶)。

二、掌握常用的 3755 个汉字(见初中语文第二册《现代常用汉字表》)的音、形、义。把握形声字的形旁和声旁的组合方式:左形右声、右形左声,上形下声、下形上声,外形内声、内形外声,中间形两边声(如"辨"),形符退居一角、声符占全字形体大半(如"颖",形符为"禾",声符为"顷")。由于语言的历史变化,有些形声字的读音和意义古今不同,不可以现代汉语的音、义随意推断,例如,"地、池、他、施、拖"的声旁都是"也",可现在一个也不读 yě;"褒""衷",古代都和衣服有关系,可现在从"衣"旁推不出字义来。再一点,要了解平时写作中出现错别字的原因,努力避免写错别字,如同音或音近代替、形近代替、增减笔画、移动位置、随意简化(如将"部"写成"阝")、乱造合成字(如将"社会主义"写成"礻义")等。

三、掌握十五种常用标点符号的使用规则。关于各种标点符号的意义、作用、用法的说明,可参看初中语文第一册的《常用标点符号用法简表》。在行文过程中具体运用标点符号时,还需注意以下几点:第一,点号(指顿号、逗号、分号、冒号、句号、问号、感叹号)占用一格,点在字格的左下角;破折号和省略号占用两格,写在字格的中间;引号、括号和书名号前后两半各占用一格。第二,在每行开头的第一格,不要出现七种点号及引号、括号和书名号这三种标号的后一半,如果正巧赶上了,就把它挪到前一行,挤在末尾字格的右下角。如果在一行的最后一格正赶上要用破折号,可将破折号适当延至格外。第三,每行最后一格,不要出现引号、括号和书名号的前一半,如果恰巧赶上了,就把下一行的第一个字提上来,挤在最后一格里。第四,转述别人的话不必加引号;引用别人原话时要加引号,引文中原有的标点符号,在引用时不要更动。凡是完整地引用别人的话,引文末尾的标点要放在引号里面;凡是把引文作为作者自己的一句话里的一部分,这句话末尾的标点放在引号的外面。第五,"×××说"之类的话,如果出现在引语前面,"说"字后面点冒号;如果出现在引语中间,"说"字后面点逗号;如果出现在引语后面,"说"字下边点句号。例如:①李老师说:"同学们要全面发展。"②"同学们千万要警惕,"李老师严肃地说,"不要受社会上不良风气的影响。"③"同学们好!"李老师高兴地说。

四、理解词的结构方式(单纯词与合成词)、词的几种分类(如实词和虚词,单义词和多义词,同义词和反义词,褒义词、贬义词和中性词等)和词组的类型(联合词组、动宾词组、主谓词组、固定词组等)。了解和应用几种常用的解释词语的技巧。

①词的结构方式

单纯词(只包含一个词素)
- 单音词:水、火
- 多音词
  - 联绵词:蜘蛛、侥幸
  - 象声词:轰隆、噼里啪啦
  - 叠音词:妈妈、纷纷
  - 译音词:雷达、英特纳雄耐尔

合成词(包含两个词素)
- 联合式:思想、喜悦(两个词素的意义相同或相近) 矛盾、方圆(两个词素的意义相反或相对)
- 偏正式:火车、红花(前偏后正),说明、提高(前正后偏)
- 动宾式:司令、探亲
- 主谓式:地震、法定
- 重叠式:人人、说说笑笑、干干净净
- 缀加式:老张(前缀)、说一说(中缀)、桌子(后缀)

文章篇

②词的分类

A. 从语法上分

实词
- 名词:国家、精神、上午、前、后、北边
- 动词:有、说、发扬、是、能、过
- 代词:你、我、他、谁、什么、哪儿、这、那
- 形容词:美、高、光明、静悄悄
- 数量词:一个、二分之一

虚词
- 副词:立刻、始终、很、不、就、都、又
- 介词:从、对、为了、连、把
- 连词:和、以及、不但、而且、虽然、但是、因为、所以
- 助词:的、地、得、所、着、了、过、呢、吗
- 叹词:哼、哈哈、哎呦、哎呀、喂、嗯、唉

B. 从意义上分

单义词:笔、北京、李自成、共产主义

多义词:惨(惨无人道,悲惨,惨败)、盛(茂盛,盛饭)

同义词:美丽—漂亮,吝啬—小气

反义词:真—假、善—恶、美—丑

C. 从色彩上分

感情色彩
- 褒义词:优秀、英勇、果断
- 贬义词:低劣、狡猾、武断
- 中性词:学习、活动、表现

文体色彩
- 书面语:思念、颤抖、头颅
- 口语:惦记、哆嗦、脑袋

③词组的类型

联合词组:师生员工、工人和农民、又高又大

偏正词组 { (定语+中心词):科学大会、枣园的灯光
(状语+中心词):迅速发展、高高地飘扬
(中心词+补语):漂亮极了、跟得快

主谓词组:思维周严、成绩优异

动宾词组:学习语文、运用概念

固定词组:家喻户晓、中国共产党

"的"字结构:游泳的、好样的、骑自行车的

介词结构:向太阳、到北京、关于学习

方位结构:长江以北、广场以东

④常用解释词语技巧

定义法　拂晓:天快亮的时候。

同义词相解法　谒:拜见。

反义词相解法　松弛:不紧张。

筛解法　"各有所胜"的"胜":长处。

抓关键词素法　其文直,其事核,不虚美,不隐恶:它文字简洁,叙事翔实,不虚夸好事,不隐瞒坏事。

分合法　登峰造极:造,到;极,顶点。本义是到达山顶,比喻事业成就极高。

掉臂:甩着臂膀走路,形容自由自在的样子。

世故:本义指待人处世的经验,这里指圆滑、不得罪人的处世之道。

归类法　河山:泛指山川、河流。

释源法　阿Q:鲁迅小说《阿Q正传》中的人物。

五、懂得句子的各种类型,在说话和写作中灵活而恰当地运用各种句型;能准确地分析句子的一般成分,划分复句的层次,分辨分句之间的关系。

六、掌握划分文章层次、段落,归纳层意、段意的技能。划分层次、段落的主要原则是按内容的单一性、完整性和连贯性确定,同时兼顾文章中层、段界限标志——过渡段、过渡句或过渡性词语。归纳层意、段意的常用方法有三种:①摘句法。此法多适用于议论文、说明文。②归纳法。此法多适用于记叙文。③联

想发挥法。此法多适用于诗歌和语言含蓄、具有象征意义的抒情散文。

七、理解常用修辞手法的意义和作用(参看初中语文第六册《修辞复习提纲》),并能在写作中恰当地运用这些修辞格式。

八、理解概念、判断、推理等思维基本形式的意义和要求,理解它们之间的相互关系及其与词、词组、句子、句群的联系;理解同一律、矛盾律、排中律等思维基本规律的意义和要求;在说话和写作中要做到概念明确、判断恰当、推理合理、合乎"三律"原则。关于这些逻辑常识的具体说明,请看高中语文一至三册的有关短文。读后可用文字或图表分项整理归纳一下。

九、了解记叙文、说明文、议论文、应用文(书信、计划、记录、总结、申请书、电报稿、电视广告、书籍或影剧内容摘要介绍等)几种常用文体在内容和结构形式上的一般要求。了解记叙、说明、议论、抒情等表达方式在语言风格上的特色。关于这些方面的常识,可参阅语文教材中的有关短文,尤其是高中语文一、二、三册中的《比较复杂的记叙》《说明文的科学性》和《论证的方法》三篇短文,更应认真阅读,深刻领会,并灵活运用于自己的写作之中。此外,对散文、小说、诗歌、戏剧等文学作品的一般特点和类型,应能理解、辨认。

十、综合运用上述各项知识阅读、分析和写作文章。阅读、分析任何一篇文章,一般都是从两个方面双管齐下、同时入手:一是从字、词、句、段、篇意入手,理解、分析、综合、评价其思想内容,二是从语法、修辞、逻辑、文学常识等入手,理解、分析、综合、评价其语言表达形式。对于阅读测试中提供若干备选答案,让判断对错的选择题,也需综合运用上述各项知识,从观点是否正确,事实是否合乎实际,语言是否全面、是否合乎语法、是否合乎逻辑,修辞是否恰当等方面通盘考虑,从而筛选出最佳的答案。

十一、对于文言文,应了解常见的通假字、多义词(包括实词和虚词)、古今异义词、变性活用词的类型(如名词用作动词、用作使动和意动、用作状语,形容词用作名词、用作动词、用作使动和意动,动词用作使动,数词用作动词等)、文言特殊句式(如各种类型的判断句、被动句、倒装句——主谓倒装、宾语前置、定语后置、状语后置等和省略句——主语省略、谓语省略、宾语省略、介词省略等)。再一点,应能比较准确地对一般的文言文加标点和翻译。加标点的原则顺序是:通读全文,先找到句末停顿处,点上句号、问号或感叹号,而后再加句子内部的各种标点:遇到并列词语点顿号;遇到并列分句,一组短句完了点分号;引用之前点冒号。用现代汉语翻译文言文的要领主要有:能对译就对译,不能对译就意译,原文中人名、地名、官职、年号以及与现在意义相同的词语保留不变,倒装句一般要矫正过来,省略的成分一般要补写出来。

十二、对初一至高二语文教材中的三百篇文章,最好花一些时间,按国别、年代、体裁、作品出处、作者姓名、作品主人公、名言警句等栏目,归类整理一下。

发表于1986年5月30日《河南招生报》

说排比，找错因

1986年高考语文试题第七题第2小题，要求将下列句子标线的部分改写成排比句：

"<u>度过了讨饭的童年生活和在财东马房里睡过觉的少年时代，青年时候又在深山老林里打过短工</u>，他简直不知道世界上有什么叫做困难。"

这句话原出于初中语文第二册的《梁生宝买稻种》，本来是个排比句。出题者将其改造了一下，以考查考生的灵活反应能力，考查是否真正掌握了排比这种修辞格式。

所谓排比，是指用结构相似、意义相关、语气一致的一连串语句表达思想内容的一种修辞方式。排比的构成主要有三个条件：①语句的单位一般是三个或三个以上；②各单位既要有重复出现的挈领词语，又要注意语言的灵活多变；③各语句的内容要有内在的意义联系。排比可以是复句中分句的排比，也可以是单句中句子成分的排比。以上述高考题的句子为例，可改写成："他童年时候讨过饭，少年时候在财东马房里睡过觉，青年时候又在深山老林里打过短工"（分句排比），也可改写成："他度过了讨饭的童年时代，在财东马房里睡过觉的少年时代，在深山老林里打过短工的青年时代"（句子成分——定语+宾语排比）。

笔者在高考评卷中发现有相当一部分考生对此句改写错误。归纳起来，有下列几种类型：

一、各语句结构不相似，语气不一致。例如："他度过了讨饭的童年生活，他少年时代在财东马房里睡过觉，他青年时候在深山老林里打过短工。"这三个句子，第一句是"主—谓—定—宾"结构，第二句是"定（他）—主（少年时代）—状—谓"结构，第三句是"定—主—状—谓—宾"结构，其结构和语气显然是不相似、不一致的,故而不能视为排比句。

二、成分残缺,不合语法,不合逻辑。例①:"讨饭的童年生活,在财东马房里睡过觉的少年时代,在深山老林里打过短工的青年时代"——这几个句子都缺主语、谓语,令人费解。例②:"度过了讨饭的童年生活,度过了少年时代在财东马房里睡过觉,度过了青年时候在深山老林里打过短工"——二、三两个句子动宾搭配不当,不合语法。

三、改变了原句意思。例如:"他童年时代挨饥挨冻,受压迫,少年时代过着奴隶般的生活,不能上学,青年时代受剥削,不自由。"其错误主要原因,一是对排比的意义、要求不明确,二是不了解改写句子试题的规则——在不改变原句意思的前提下按要求改变句型。

发表于1987年1月3日《中学生学习报》(高中版)

怎样使语言简洁

怎样使语言简洁？要解决这个问题,得先搞清语言不简洁的表现形式和原因。

语言不简洁的表现,主要在两个方面:一是就全文内容讲,前边已提到的事例或已讲过的道理,后边又提又讲,造成文章啰唆臃肿;二是就一个句子本身看,本来只需用比较简单的句子表达的事物,却偏用结构复杂的句子表达,本来只需用几个字便能说清楚的问题,却偏用十几个、几十个字述说,致使语言累赘。

造成语言不简洁的原因有以下几条:其一,落笔行文之前不做或不认真做好全文谋篇布局的安排,随心所欲,想哪儿写哪儿,写前不顾后,写后不瞻前。例如前年高考作文——就环境污染问题给《光明日报》编辑部写封信,有的考生在自己所写的分作三个段落的信文中,几乎每一段都是东一榔头西一棒槌地忽而谈环境污染的危害,忽而谈环境污染的原因,忽而谈消除环境污染的建议。其二,对试题上提供的写作材料不善于咀嚼消化,分散渗透于各个段落之中,而是机械地不止一次地整段整段地抄引。例如去年高考作文中,有的考生不顾各段的论述中心是什么,在每段开头都原文照抄一遍试题中关于树木、森林和气候三者关系的解说。也许作者以为他这样做是在运用修辞学中的"隔离反复",殊不知反复与重复是迥然不同的两码事,前者是根据内容表达的需要,作者有意识精心安排的或起全文线索或起前后照应作用的反复,如《为了周总理的嘱托》一文中,数次提到"坚决完成总理交给的任务"这句话;而后者则是无谓的重复。其三,对要表述的事物的本质未弄清,因而不能以精确的词语简洁而明确地表达出来。这就是说,语言不简洁的问题,实际上是思想认识不清楚因而造成用词不确切的问题。例如"我们要理直气壮地反对资产阶级自由化以及一切无政府主义思潮和行为"(引语中加曲线处是应删去的多余的成分,下同)。这句话不仅语言累赘,而且不合逻辑,种属概念并列。其四,唯恐别人看不懂自己的话,画蛇添足,堆砌不必要的解释性词语。例如"经过医生抢救,还是医治无效,终于逝世","这件事大家众所周知,人人知晓",等等。其五,爱用意义不清、条理紊乱的联合词组充当长宾语、长定语、长状语等附加成分,这样极易出现错误。比如"我永远忘不了小学时期老师对我们的教育和为我们操劳的辛苦也是一言难尽的"。以上几点是造成语言不简洁的原因。

了解了语言不简洁的表现形式及原因,怎样克服它就好办了。首先,行文之前,一定要先列一个结构提纲或先打好腹稿,做到全局在胸;先说什么,后说什么,哪些详说,哪些略说,段落之间如何自然衔接等都要有个大致清楚的安排;注意保持各段各层内容的单一性、完整性,不要把同一性质范围的事情分割到几个不相邻的段落中去写,也不要把几种不同性质范围的事情都挤在前边一个段落里,以致后边的段落不写不是,写也不是:不写吧,显得这篇文章头重脖粗而腰细尾巴轻;写吧,因无啥新内容新词语,硬行拼凑,势必与前面重复。平时作文,要一气呵成,万一一时写不完,再接着写时要先把已写好的看一遍,以免前后脱节,内容重复。第二,举例说理要用自己所熟悉的,对自己不熟悉、不了解的事物、道理、术语,在写作时应尽量回避,不然,不是啰唆半天也说不到点子上,就是词不达意,甚至闹出笑话。第三,对大家都知道的事理,点到即可,不必注释;多用短句,少用长句,一定要用时应精心考虑长句内部各词语成分的合理搭配、前后照应。第四,学习名家大师一丝不苟、刻苦锤炼文字的精神,平时讲话、写作时要注意培养语言简洁的良好习惯。法国作家莫泊桑说过:只有一个字可以表达它,一个动词可以使它生动,一个形容词可以限定它的性质。我国宋代文豪欧阳修的名作《醉翁亭记》,开头描写滁州四周的山势环境,原先写了几十个字,后经推敲修改,只剩下五个字:"环滁皆山也"。第五,文章写成后,要细心检查,删去一切多余的成分。鲁迅说:"写完后至少看两遍,竭力将可有可无的字、句、段删去,毫不可惜。"契诃夫也曾说过:"写作的技巧,其实并不是写作的技巧,而是删掉写得不好的地方的技巧。"

文章篇

只要态度认真,勤学勤思勤练勤修改,一字一词一句一段都较真儿,经过一段努力,就一定能写出语言简洁、内容生动的文章。

发表于《中学生文苑》1987 年第 25 辑

接触自然，走向社会

在语文教学中，我体会到有计划、有组织地引导学生走出课堂，接触自然，了解社会，不仅可以加深学生对教材的理解，丰富学生的写作素材，而且可以开阔学生眼界，陶冶学生审美情操。

如讲《活板》时，我组织学生到印刷厂参观。学生亲眼目睹了从铸字到排版、校对、付印的印刷全过程，课文中所介绍的印刷原理在这里得以印证，教材上静止的文字，在这里变成了活的知识。正如苏霍姆林斯基所说："教师劳动的文明，在很大程度上取决于观察在学生的智力发展中占有何种地位。从观察中不仅可以汲取知识，而且知识在观察中可以活跃起来，知识借助观察而'进入周转'，像工具在劳动中得到运用一样。"又如学习《雁荡山》一课时，我带领学生骑车到郑州郊区三李村冷暖泉春游。这里的峰峦特征酷似雁荡山："自岭外望之，都无所见；至谷中则森然干霄。"同学们立在山谷之中，翘首仰望峭拔怪异的诸峰顶，情不自禁地援用课文中的语句咏叹道：三李村"亦雁荡具体而微者"——三李村也是形体齐备而规模较小的雁荡山。

在组织学生外出观赏自然景物，深入工厂、农村、商店、部队了解社会的整个过程中，教师都要发挥指导作用。因为我们所搞的活动是有明确目的的活动，不是际遇性随意性的活动，不加强指导，就不可能真正起到配合教学、促进教学的作用。教师的指导作用主要体现在以下三个方面：定向作用、提示作用和深化作用。

定向作用。外出活动前，讲清目的要求，让学生知道这次的活动是为配合哪个单元哪篇课文的教学，参观访问的重点是什么，活动中的注意事项有哪些，活动后要求完成什么作业等。有一次我组织学生参观黄河大桥，行前告诉学生这次参观的目的是配合《中国石拱桥》的教学，一方面加深对教材中有关桥梁建筑知识的理解，比较黄河大桥与课文中介绍的赵州桥、卢沟桥的形体构造等方面的异同，另一方面要从黄河大桥雄伟的外观、坚固的结构和建桥的速度之快，学习建桥工人的高度智慧和苦干精神，体会党的改革开放方针的英明正确和社会主义制度的优越性；参观后拟在桥头举行现场赛诗会，每人要赋诗一首；返校后两周内，每人要办一张图文并茂的手抄报，其中必须有三篇自己的作文：一篇百字左右的说明文，一篇六百字左右的记叙文或散文，一篇三百字左右的短评，其余版面可从报刊上摘抄有关诗文资料。实践证明，每次实践活动前，明确目的要求，让学生清楚所面临的任务，必能收到事半功倍的效果。

　　提示作用。外出活动前应向学生介绍一些有关调查访问对象的知识资料，这样既使学生对该事物先有一个间接的大致印象，又能激发学生急于前往参观的强烈欲望。上述参观黄河大桥前，我即将大桥竣工前后报纸上有关资料文章在教室内张贴公布，供学生阅读。在活动现场，还给学生指点一些观察方法，如

与1989届学生课外活动中

顺序法(时空顺序、主次顺序等)、比较法、想象法、按提纲边问边记法等;在参观活动中如发现学生单从兴趣出发而偏离主要方向时,应及时提示,把其注意力引导到主要事物上来。

深化作用。在外出活动前或活动的过程中,要提醒学生,在参观中不仅要用感觉、知觉去认识事物,而且要运用抽象逻辑思维进行判断和推理,探求事物的本质。或根据所见所闻,进行联想,加以想象发挥,以深化自己的认识。在参观黄河大桥时,我无意中看见两个同学凭倚桥栏,凝望着桥下沙滩上一片散乱的脚印,并悄悄地议论着脚印是什么人留下的。我当即表扬他们肯动脑筋思考,鼓励他们继续谈论,大胆地联想推测。一个同学讲:"我看这些脚印是建桥工人留下的。面对这些脚印,我仿佛看到工人师傅夏战三伏,冬战三九,不畏酷热严寒,架桥墩,填砂石,夜以继日,顽强拼搏的身影。"返校后,这个同学以《脚印》为题写了一篇作文,文章联想丰富,描写生动,议论也很深刻。

鲁迅说过:"静观默察,烂熟于心,然后凝神结思,一挥而就。"事实确是如此。每次外出活动后,同学们都按捺不住写作的激情,往往不等布置就提笔作文。这些来自切身体验的作文大多立意新颖,主题鲜明,内容充实,具有真情实感,充满生活气息。其中的上乘佳作已先后被《作文》《中学生文苑》等刊物采用发表。

发表于《河南教育》1989 年第 10 期

三十年语文教学的新篇章

我从事语文教学已三十余年了,真正使我感到满意的还是近几年使用电教手段上的课。1986年开始用电教手段上语文课,是初步尝试,计划性不强,只是碰到配有录像或录音的教材时,断断续续地搞一下。去年10月以来,在学校电教组同志配合下,我开始有计划地、连续性地进行电化教学。我不仅深深体会到电化教学的好处,更重要的是探索到一些有效运用电教手段改进和提高语文教学质量的规律。

一、电化教学影响深远。1989年毕业考上大学的一些学生在写给我的信中说:高一时期在"电教室"上《石钟山记》的情景,至今记忆犹新,那生动形象如见其人如闻其声的录像,那一张张打在屏幕上的幻灯投影,到现在仍历历在目;不论何时,一提起苏轼的这篇游记,脑海中便会立即浮现出一幅幅立体的画面来……前两天,电教组让同学们填写一张"录像调查表",并召开一次部分学生参加的关于电化教学的座谈会。我任教的两个班级的学生可谓殊笔一词,异口同声:电化教学好!好在形象逼真兴致高,好在轻松愉快记得牢,好在打出字幕少废话,好在播放录音悦大脑。

根据我在实践中的体会,电化教学的优越性至少还有三点:一是能促使教师在教学中去芜取精,最大限度地减少废话赘语,事半功倍,把劲使在刀刃上。二是可防止欲讲而漏讲的情形发生。谁都知道,教师上课不能捧着教案照本宣科,有时为了避免遗忘,时不时要看一眼教案。就是记忆再好的人,在教学过程中,一般说也是难以做到一点也不忘的。而如果把当堂欲讲欲练的重点内容制成了幻灯片,显示在屏幕上,就不会忘却掉了。三是能使教学成果一劳长逸(把成语"一劳永逸"更动一字,或许更为确切一些)。制作幻灯片,录制配乐诵读,按教材

作者手写制作的幻灯片　　　　　　　作者在选审电教素材

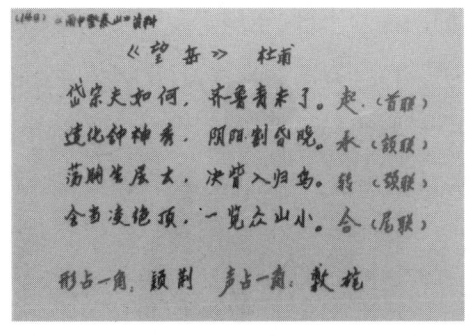

内容剪辑或自编自拍录像,不用说是要付出辛苦,花费大量心血的。如为剪辑《廉颇蔺相如列传》录像,我和电教组的老师一起连用四个小时,将其由三个多小时方能播映完的内容,根据教学需要浓缩剪辑为半小时。有时为制作言简意明的幻灯片,我所花费的时间,远远超出正常的传统的书写教案的时间;为创制配乐朗读,得反复寻找、试听合适的乐曲,得反复研读课文内容,须精细指导学生读准每个字的音调,传达好每句话的情感。由此可知搞电化教学必须付出艰苦的劳动。但是,经过一番劳动而获得的成果是可以长期保存,长久使用的。只要教材未变,什么时候再讲此课,即可再用。特别值得提及的是把劳动成果运用于教学之中,受到学生的欢迎,收到良好效果时,那真是一种莫大的欣慰。

　　二、电化教学要恰当选用媒体,勇于探索,敢于创新,努力提高电化教学的质量。通过电教实践,我初步体会到下列几点做法可以更好地发挥电教媒体的作用,有效地提高语文教学的质量:其一,在正常课堂教学中放映录像片,以根据教材有关内容重新剪辑的为好。这样做既重点突出,又节省时间。剪辑录像既要保留其精粹部分,又应注意不失其内容情节的系统连贯。如《石钟山记》《长江三峡》《雨中登泰山》《荷花淀》等录像片,都是经过精心剪辑而后使用的。当然,如果原录像内容不长或虽长而全为教学所需,且时间允许的话,也不妨就放映完整片。其二,关于幻灯片教材的制作和使用。迄今为止,我已自制长8寸宽6寸的投影片240多幅,13cm×11cm的小投影片70余张。这些投影片,按内容分类,有讲读教学片、写作教学片、双基训练片、诗词朗读片,分别运用于阅读教学、写作教学和日常双基训练教学之中;按性质分类,有定向片、新知片、补充训练片、诗词读讲片、双基规律片等。"定向片"一般用于课堂伊始,明确当堂学习重点;"新知片"系教材中未注释而又与讲授重点有关系的知识,一般宜在分析教材过程中穿插使用;"补充训练片"宜在完成课后"思考与练习"之后使用;按学号轮流、每节课一人次的"诗词读讲片"固定于每堂课开始时使用;"双基规律片"是一套系统的引导学生通过训练把握语文听说读写基础知识和基本技能规律的投影教材,每项训练的程序是:堂上练习—揭示规律—堂下练习—信息反馈(抽查部分学生练习)—评点练习,矫正错误。每项训练约占十分钟时间,在诗词阅读讲3分钟训练之后进行。现已完成80余项训练。全部搞完此套训练,预计需用两年左右的时间。其三,录音教学,除使用朗读专家们的录音磁带外,还应自制教师范读、学生朗读、师生联合朗读等录音教材。实践证明,后者的效果往往更好。讲《包身工》一文时,我把其中反映包身工恶劣的居住条件、饮食状况和劳动条件及芦柴棒、小福子惨遭毒打迫害的典型事例等细节描写摘录串连起来,专题配乐诵读,堂上反响强烈,效果良好;讲《吕氏春秋》的《察今》篇时,我和两个朗读水平较高的学生(一女生一男生)三人联合诵读,配以"将军令"铿锵悦耳的乐曲,堂上播放时,同学们时而发出会心的微笑,时而为抑扬顿挫绘声绘色的朗读暗暗颔首叫好,时而随着轻重缓急的朗读声调和强弱高低的乐曲音符浮想联翩,课堂气氛之热烈感人,在我三十余年的教学生涯中可谓是空前的。

我在电化教学方面的实践,目前尚处在起步阶段,譬如万米竞走,不过刚由起跑线迈出10米而已,前面的道路还很长很长。今后,我决心在同志们和同学们的配合下,不断研读电教理论,不断进行科学的电教实验,不断总结经验教训,努力探索最佳电教手段的规律,并为推进语文现代化教学改革贡献自己后半生的力量。

发表于《电教与教研》1990年第4期

运用电教手段，配合语文教学

电教手段包括幻灯投影、录音和影视录像等。电教手段的选用由教学的内容、目的而定，什么内容、什么环节运用何种电教手段能收到比传统教法更好的效果，一定要选择、安排妥当。

散文、人物传记和小说教材教学，在阅读分析前后宜结合播放影视录像。如《雨中登泰山》《石钟山记》《廉颇蔺相如列传》和《祝福》等讲读课，我都是先让学生浏览一遍课文，在具体分析作品前或分析后播放录像。影视录像生动形象、感染力强，最能引起学生的兴趣和注意，教材中一些难以用言语表述清楚的抽象的词句，例如《雨中登泰山》中的"吸翠霞而夭矫""嶔崎镗鞳"等，在这里都具体形象地表现出来，可观可听可触。

有些画面感强的教材，宜采用画图投影。如讲茅盾的《风景谈》时，我让两个擅长绘画的学生绘制了《沙漠驼铃》《高原归耕》《延河夕照》《桃林小憩》《石洞雨景》《北国晨号》等六幅彩色画图，在朗读分析作品过程中陆续显示，引起学生浓厚的兴趣，加深了对作品内容的理解。

有些故事性强或音韵感、节奏感强的作品，适于搞配音朗读。讲读《察今》一课时，我组织几个朗读水平比较高的学生，师生结合，分角色朗读录音，配上《二泉映月》《将军令》乐曲，播放时同学们时而为抑扬顿挫、绘声绘色的朗读颔首叫好，露出会心的微笑，时而随着强弱高低、轻重缓急的乐曲声浮想联翩，兴奋异常。

一般教材的分析课、练习课，自学教材的速读指导课，语文基础知识基本技能双基训练课，写作指导、评讲课等，适于采用胶片投影手段教学。学生自选诗词朗读训练则宜用投影与录音相结合的方法进行。几年来我们自制的投影胶片

(8寸长,6寸宽)共500多张。这些胶片按内容分类有阅读教学片、写作教学片、双基训练片和诗词朗读片等;按性质分类有定向片、新知片、补充训练片、速读测试片、双基规律片等。"定向片",一般用于新课伊始,明确该课当堂教学要点,也用于预设条件作文指导课。"新知片"系教材中未注释又与讲授重点有关的知识材料,一般宜在分析教材过程中穿插使用。"补充训练片"宜在完成教材规定的练习题前后使用。"速读测试片"主要用于指导教材中自读课文的教学,其步骤一般是先提出阅读速度(字数/分)的要求,接着让学生自学课文,然后通过投影出示测试题,限时解答,最后明确标准答案,让学生各自当场算出理解度(实得分%)和实际有效率(阅读速度×理解度)。"双基规律片"是一套系统的引导学生通过练习把握语文基础知识基本技能规律的投影教材,每项训练的程序是:堂上练习—揭示规律—实践练习(堂上或堂下)—信息反馈—评点正误。全部训练共两年,四个学期。通过双基训练,学生们掌握了各种知识的规律,自然便能举一反三,触类旁通,有效地提高无师自学的能力。"诗词朗读片"全由学生独立操作:自选诗词,自制投影胶片,自行录音(朗读和简要讲解);按学号轮流,每次一人,放映投影录音后,由学生评委小组当场评分,每次3分钟左右。这项训练对激发学生学习兴趣、开阔学生知识眼界、提高学生朗读鉴赏水平、增强学生自立能力等裨益甚大。此外,高三阶段的总复习教学,也适于采用投影方式。所绘制的胶片内容主要有:语文知识及运用部分,记叙文部分,议论文部分,说明文部分,应用文部分,写作部分,课外阅读分析部分等。

关于录像、投影、录音等电教手段在语文教学中的运用,根据几年来连续实践的结果,我体会到下列几种做法收效较好:其一,在课堂上放映录像,以根据教

作者运用投影进行电化教学

材内容重新剪辑的为好。这样不仅可以节省时间，而且能够突出重点。剪辑录像既要注意保留其精粹部分，又要注意不失其内容情节的系统连贯。如《廉颇蔺相如列传》和《林冲》电视录像片全部原版播映均需 3 个多小时，不只时间过长，且有许多内容不为教学所需要；经过精心剪辑，半小时即可放完，效果良好。其二，投影教材要精练、典型、系统，富有启发性、趣味性。精练，指文字简洁，要言不繁；典型，指精确概括，能体现知识关键，凝聚技能规律，力求以一胜十；系统，指分类编号，各母项子项知识自成系统，同时又有内在的横向联系；富有启发性和趣味性，指胶片内容要有利于引导学生积极思考，激励学生的创造意识，形式要活泼多样，文字、图表、图画兼而有之，色彩协调配合。其三，录音教学，除使用朗读专家们的录音磁带外，还应自制一些教师范读、学生朗读和师生联合朗读并配以适当乐曲的录音资料。其四，录像、投影、录音等电教媒体的运用要有科学的计划，一堂课内一般不宜过多过长地使用，弄得学生眼花缭乱，不得喘息；放映录像，在片中人物无语的关键转折间隙，教师当有三言两语画龙点睛式的点拨；投影和录音播放的时机要恰到好处，配合讲读得当。其五，电教手段与传统教学手段要有机结合，根据教学目的、教材内容和学生年龄特征、知识水平，恰当安排不同手段进行教学，以取得最佳教学效果。

发表于《河南电化教育》1993 年第 2 期

全局在胸，各个击破
——综合阅读测试解题方法略谈

自1984年起，每年高考语文试题中都有占相当比重的对整段或整篇文章的阅读测试题。其材料有的选自教材，更多的是选自课外。怎样力求迅速而准确地解答综合阅读试题？

一、见题后不要忙着解答，要先浏览一下全文，了解内容梗概，做到全局在胸，而后根据试题各个击破，具体解决字词句段等方面的问题。

二、对字词意义和指代词语确指范围的理解，不能机械地照搬词典解释，应结合上下文，从有关句段以至全篇内容出发，悟出最确切的解释。例①：解释下列语句中加点词语的意思："司马迁的确能够贯穿经传，整齐百家杂语，成一家之言。他明白'整齐'的必要，并知道怎样去'整齐'：这实际是创作，是以述为作。"这句话中"整齐"一词在任何一部词典中都是找不到恰切的诠释的，唯有结合上下语境解释为：指按照一定的标准取舍材料，建立自己的体系。

三、对重要语句意义的理解，要实事求是，不要随意拔高或降低；对比喻句要先弄清是针对什么问题设喻的，再结合上下文弄清其欲表达的确切意义；注意细心审查题干所问对象范围，从文中有关内容筛选出相应的语句以为答案。例②："就像偶尔被发现的流浪汉、不为人知的士兵那样不留名姓地被人埋葬了"这句话的意思是：A.（他的一生）曾像流浪汉一样遭遇坎坷，曾像士兵一样战斗。B.（他）终于与流浪汉、士兵那样的社会底层民众融为一体。C.（他）就像倒毙的流浪汉、无名的阵亡士兵一样在世上消失。D.（他的声名）像流浪汉、士兵等劳苦大众那样被社会吞噬。（1981年高考题）试将A、B、D三项与原句对照，可知都有人为地以阶级观点把人物拔高之嫌，什么"战斗"啊，与"劳苦大众""社会底层民众融为一体"啊……显然与作品内容和作者思想实际不符。实事求是看，唯有中性提法的 C 项正确,它不仅在情理上合乎原句意义,而且将其置于文中与上下文一脉相通。

四、段落、层次的划分需遵循单一性、完整性和连贯性的原则;段意的解答可用摘句法和归纳法,语言要简练、全面,具有内在联系。所谓单一性,指一个段落或层次保持一个中心,不要把不紧密关联的两种意思混杂一起;所谓完整性,是指在确定段落或层次的分界时,不要受自然段数量或句子数量多少影响,而应以一段或一层的意思是否足够完整为依据;所谓连贯性,既指对含有过渡性的段落、语句,不要单独作为一段一层,而要视其是着重承上还是着重启下以确定其上、下段、层归属,也指不要把比较简短的插叙、补叙、追叙,单独作为一段一层,以致割裂段、层内容的完整性,应将其归入相连的有关段、层。比较长的有明晰而完整意义的插叙、补叙、追叙也可自成一段一层。例③:高尔基的《海燕》全文可分为几段?每段大意是什么?根据上述划段原则和归纳段意的方法要求,正确解答应为:全文分为三段:海燕渴望暴风雨来临,海燕迎接暴风雨来临,海燕呼唤暴风雨来得更猛烈些。三段段意兼用了归纳法和摘句法,简练明确,段意之间具有密切的内在联系。

五、对于判断一篇文章所涉及的观点正误的试题,首先应细心比较试题各选项提法与原文相应语句意义的异同,然后采用排除法,将曲解原句项、节外生枝项、转移论题项、以偏概全项等一一排除,剩下的即为正确的选项。例④:1989 年高考第 28 题:根据这段文字的内容,下列判断全对的一组是:①文中的"新诗"是"五四"时期的白话诗。②"讲道理"是"新诗"的一个重要传统。③朱先生认为,"新诗"是与时代思潮紧密联系的。④"新诗"叙述了民间疾苦。⑤文中的"社会主义倾向"指的是新诗表现了"劳苦生活"。⑥旧爱国诗着眼于国家的"现在",新爱国诗着眼于国家的"未来"。A.①④⑤　B.②③⑤⑥　C.②④⑥　D.①③④⑥。与原文相关语句对照,可知①是节外生枝,原文不曾涉及;③系釜底抽薪偷换了论题,原文讲的是"新诗是与时代先进思潮"紧密联系的;⑤乃以偏概全,因为新诗中的社会主义倾向不仅仅限于表现了"劳苦生活"。显然只有 C 选项即②④⑥句是全对的一组。

文章篇

六、对涉及同一题材不同文体、同一事物不同主张不同观点互相比较的综合测试题,关键是细心找出其异同点。如1985年高考《明史·周顺昌传》和《五人墓碑记》对相同材料取舍详略不同的比较,1986年高考传统的动物进化观点与加德纳学说异同点的比较,1988年高考司马迁和王夫之对季布和文帝看法不同的比较,1990年高考甲乙丙三人关于中学生学习文言文问题观点主张异同的比较等。对这类试题,在审读原文时,应草拟各方观点纲要,或用铅笔在原文上标画出各方主要看法,如是,解答此类试题便可避免失误。

七、对图表类试题,要先搞清图表的性质(单向型、双向型或多向型),了解图表中各种标志符号和有关文字说明的确切意义,然后搞清试题要求(对图表辨识、填充或改错),最后再对照、研读文章中与图表中有关部分内容进行解答。1985、1986、1988、1992年高考综合测试题中都曾涉及图表,限于篇幅,不再例述。

对高考综合读测所选的具体文章,除命题者外,谁也难于猜到,也没有必要去猜测。重要的是认真复习教材特别是教材中的基本篇目,阅读时细心思考,琢磨题眼,自相检测。只要打好基本功,掌握了解答综合阅读测试题的方法要领,就能以不变应万变,稳操胜券。

发表于1993年5月10日《河南招生报》

解词十法

常见的解释词语的方法有下列十种：

一、同义相解法。即以通俗的同义词语解释较文雅的词语，如"鄙夷"：轻视。

二、反正相解法。即用否定副词"不"加上一个与被解词语意义相反的词语，或者以反面正面兼用的方法加以解释，如"龌龊"：不干净；"缺憾"：不够完美，令人感到遗憾的地方。

三、概括释义法。对一些不便死抠字词解释而宜于从整体出发概括释义的词语，适合此法。如"便宜从事"：看怎么方便就怎么办。

四、亦分亦合法。用联合短语的形式分解词语中的各个语素的意义，或者先总体释义而后分解重点语素，或者只解释词语中难懂的关键语素的意义，其他易于理解的字眼不再解释，统称亦分亦合法。例如"温馨"：温暖和芳香。"贻笑大方"：让有识的内行笑话。贻，遗留；大方，大方之家，有见识的内行人。"其文直，其事核，不虚美，不隐恶"：直，简洁；核，核实；美，夸；恶，丑。

五、揭示寓意法。即根据文章的背景和上下文意，先解释词语的本义，而后以"这里指"或"引申为"等字眼揭示出在文中的特指寓意。例如"渊源"：原意是事情的本源，这里指老关系，含有讽刺意味。"睚眦"：发怒时瞪眼睛，引申为极小的怨恨。"有恶意的闲人"：指陈西滢之流。

六、揭示修辞意义法。此法一般是先解词语的本义，而后揭示其修辞（形容、比喻、借代、象征、讳饰）等意义，或者只揭示其修辞意义。例如"车水马龙"：车子好像流水，马好像游龙，形容来往车马连续不断，非常热闹。"长夜"：这里比喻在反动统治下的黑暗日子。"三道头"：指当时上海租界里的外国警察头目。"海燕"：象征英勇善战的无产阶级革命先驱者。"更衣"：上厕所的委婉说法。

文章篇

七、下定义法。对科学术语的解释常用此法。如"地表径流":降水后在坡面上及河槽中流动的水流。"剩余价值":在资本主义社会里,雇佣工人剩余劳动所创造并被资本家无偿占有的价值。

八、种属归类法。即揭示出欲解词语所属大项种类的性质。如"虫豸":泛指禽兽以外的小动物。"织锦":织有花纹的彩色丝织品。

九、揭示典源法。即揭示出被解词语的典源来历和意义,对历史人物、文学作品中的人物、典故事件、书籍刊物、诗文名句、外来词语等宜用此法解释。例如"陆贾、郦生":汉代有名的辩士。陆贾,楚人,汉初曾随高祖定天下,常出使诸侯做说客。郦生,就是郦食其(lì yì jī),秦汉之际多次给刘邦献计,后说服齐王田广归汉。"婵娟":郭沫若历史剧《屈原》中的人物。"《奔流》":鲁迅、郁达夫主编的一个进步文艺月刊。"胡服骑射":赵武灵王二十四年(前302年)进行军事改革,改穿胡服,学习骑射,后陆续攻灭中山国,击败林胡、楼烦等民族,国势大盛。"晋祠流水如碧玉""百尺清潭写翠娥":这是李白《忆旧游寄谯郡元参军》中的两句。"罗曼蒂克":英语romantic的音译,也译作"浪漫",这里有富于幻想、喜欢新奇的意味。

十、综合释意法。即兼用多种方法解释词语意义。如"众口铄金,积毁销骨":见《史记·张仪列传》,意思是众口一词,就是金石也可以被销毁;一次一次的毁谤,久而久之,也能置人于毁灭之地。这里是比喻舆论的力量极大,众口一词可以混淆是非。铄,熔化;毁,诽谤;销,熔化、消除。——此解依次运用了揭示典源、概括释义、揭示修辞(比喻)意义和特指寓意、分解语素等多种方法。

不论采用哪种方法解释词语,要旨是都应力求做到通俗易懂,简练明确。

1994年10月

改革高三语文复习的几点做法

近三年来,我连续执教高三年级,在指导高三学生复习语文方面做了一些改革,收到了较好的效果。我教过的两个文科班的高考语文平均成绩,1984年为80.46分,1985年为74.88分。1985年高考我校语文以72分的平均成绩,获得郑州市第一名。这里简要地谈几点做法。

一、引导学生探求知识规律,自编复习提纲。我告诉学生:语文知识浩如烟海,但是只要能把握住听、说、读、写的基础知识及其规律,就能举一反三,触类旁通。语文的基础知识可用八个字概括:字、词、句、篇、语、修、逻、文。如果亲自动手,花一番功夫,把中学语文教材中注音的生字,优美生动、富有表现力的词语,言简意赅、富于哲理的句子,文质俱佳的典范名篇的篇章布局,以及语法、修辞、逻辑、文学常识等,认真加以整理,或系统辑录,或分类归纳,或专题摘要,进而探索带有规律性的知识和技能,那就一定能收到很好的复习效果。但是,中学语文课本12册,360篇课文,48篇知识短文,14篇知识性附录,在总复习时,学生不可能也不必要篇篇精读。我只要求他们每种文体精读几篇,阅读几篇,其余均为浏览。在此基础上,我引导学生探求规律性的知识技能。其主要项目有如下十一个:①写字的大小章法;②拼音规则;③行文中运用标点符号的规则;④解析词义的方法;⑤分析单句成分,划分复句层次,判断分句间关系的程序规则;⑥按照内容单一性、完整性、连续性的原则划分文章层次、段落,以摘句法、归纳法、联想法概括层意、段意的技能技巧;⑦各种不同文体的组成要素及一般的格式规则,运用语法、修辞、逻辑、语感、表达手法等知识分析文章的内容形式和造句行文、谋篇布局的技能;⑧文言文中常见通假字、多义词、古今异义词、变性活用词、固定结构的多音词、特殊句式的归纳整理,文言文句读标点、解词译句的要领;⑨精读、泛读、默读、朗读的要求和技巧；⑩命题作文和供料作文的审题、拟题和立意、选材的原则；⑪近两年在高考试题中越来越多出现的、向标准化测试靠拢的各种类型的选择题、是非题、连接题、排列题等客观题型的准确理解和答题技巧等。

怎样让学生掌握上述这些带有规律性的知识技能？实践证明，引导学生自编复习提纲，是个行之有效的方法。我引导学生人人动手，按如下七个项目编写复习提纲：说明文、记叙文、议论文、诗词曲赋、戏剧、语、修、逻、文等语文常识，文言文字、词、句等基础知识。对每个项目，我都设计一些问题供学生参考，答案不要求统一。

二、引导学生自拟试题，相互阅卷。上述七个项目的知识，复习完一项，就让学生每人出一份试题。测试之后，是谁出的题，就由谁来评卷。出题、阅卷的过程，既是检验和巩固复习效果的过程，也是培养学生理解、应用知识和分析、综合、评价等多种能力的过程。

三、引导学生搞好课外阅读，开阔眼界，编列写作素材提纲。每隔一段时间，在班内张贴出来一部分从报刊书籍中剪辑的文章资料，并启发学生根据自己的阅历见闻，分门别类地编出写作素材提纲，例如人才素质类，先进人物事迹类，理想教育类，新科技成就类，反面事物类等。素材提纲要不断充实、扩展。一定时间可在堂上或堂下组织同学们相互传阅交流，以便取长补短，开拓思路。

以上几点做法，只是自己的初步探索，还很不系统，很不成熟。如何改进高三语文复习是一个重大的课题，我愿就此继续探索，不断前进，与广大语文教师同行共勉。

发表于《河南教育》1986年第6期

潇洒自信，不亦乐乎
——《高三不孤独》读后

反映高三学生心态的文章，其基调多系紧张、压抑、焦虑，但一读玛腾同学的《高三不孤独》，顿觉春风拂面，甘霖爽心，潇洒、自信、愉悦之情油然而生。

我看玛文有三好：心境好，文气好，语言好。

心境好。面对五花八门、琐屑繁重、咀嚼数遍的教科书，作者毫无枯燥之感烦躁之情，有的是"书海撷英，不亦乐乎"；面对名堂众多、频繁不断的测验考试，作者从不紧张忙乱，不为分数高低而使情绪喜悲起落，有的是淡然冷静，与老师达成"考试不是目的，只是手段"的共识，"不亦乐乎"；每天收听新闻，时常浏览报刊，兴之所至，慷慨激昂，指点江山，俨然一派少年英雄风度，"不亦乐乎"；有信自远方来，阅而不复，默契谅解，"友情升华，不亦乐乎"；品味少儿梦境，展望未来美景，十余年寒窗苦读，绝非只为跨过通向国子太学的独木桥，乃是为了攀登科学殿堂的制高点，给国家增光，为民众造福，目标端庄，心悦体轻，"超然于重荷之外，不亦乐乎"。……一唱三叹，五咏乐乎，青春气息扑面而来，奋进旋律响云震霄，豪壮气魄撼天动地。有如此纯净的心境，有如此坦荡的胸襟，自然是"顾不上孤独"，自然是"不在乎孤独"，自然会义无反顾地"甩掉孤独"！于是，所拥有的必然是自信、潇洒、乐观！

言为心声。心境豁达者，其文气自然亦清醇真挚，无凌人之说教，无邀宠之夸饰；质朴而不致粗俗，文雅而不致卖弄。气势如一道碧空彩虹，光艳闪烁；如一溪清涧流水，汩汩欢淌。全文侃侃而谈，一气呵成，洒脱尽兴，趣味盎然。

良好的心境，醇美的文气，必然会生发出精彩的语言。这里有恰切的比喻，鲜明的对比，如以"铁笼子""笼中鸟"喻指老高三们孤灯苦读的心态，用"醍醐灌顶""名歌金曲""八卦阵"喻指自己阅读政治、英语、数学等教科书时的心境感受。这里有巧妙的词语移用,如以"前辈"称呼往日高三的老大哥老大姐们,用"扬帆把舵,斩浪向前"描绘而今高三学子们的气魄英姿,用"没有休止符"形容高三充满奋进的旋律、紧张而有节奏的学习生活。这里有简洁而形象生动的细节描写,如作者回答小弟问她为何"连看两个小时的教科书一动不动"时的神态语言:"我冲他神秘地一笑:'书中自有颜如玉,书中自有黄金屋。'"又如写同学们纵论国家大事的热烈气氛:"要时(按,此处为笔下之误,应改为'有时'或'要是')兴之所至,按捺不住,就指点江山,激昂地'侃'一番,自以为也稍有些'英雄少年'的风度……"这里还有气势浩荡的排比,生动有趣的拟人,精到别致的明引暗化,古香高雅的文言,时兴动听的口语(如"斜瞟""考糊"),更多有发自一个中学生肺腑的充满朝气、激人上进的格言警句。尤其值得称道的是作者善用不很直露,引人思索,稍加品味方可知其含义的浅层含蓄的语言,譬如"一盏孤灯,一杯凉白开。夜夜如此"——这是写高三学生高考前拼命苦读的情景;"为明天的测验泡杯浓咖啡那是过去的故事"——这是写高三以前怵头考试,每逢考试前夕加班加点大开夜车的情景;"看报纸不再只挑三版四版,刘德华张曼玉退居二线,头版头条毕竟最为重要"——这是说现今看报不像以往那样单凭兴趣,消遣猎奇,只瞧副刊,歌星影后的轶事传闻充斥眼帘心中、耳畔口间,而是把国内外的要闻大事放在首要位置,这不单是高考的时事政治测试所必需,更是高三学生政治上日臻成熟的标志……全文语言简洁流畅,精练得体,句式灵活多变,短句长句交错,散句整句结合,喜人寻味,耐人咀嚼,显示出作者驾驭语言的不凡功力。

愿所有的中学生都能像玛腾同学一样保持美好的心境,练就一手漂亮的文笔,像她那样拥有自信,拥有潇洒。诚如此,岂不乐乎?

发表于1993年3月27日《中学生学习报》

附录：

高三不孤独

河南省实验中学 玛腾

一盏孤灯，一杯凉白开。夜夜如此。

早就听老高三的"前辈"们说过："高三，迎来的是孤独。"于是我曾怀着极大的优越感斜睨高三年级的"专用"教室，戏之曰："铁笼子"。觉得自己不是高三生，真幸福。

现如今自己成了所谓"笼中鸟"，却开始品味另一种滋味，渐渐发觉，高三，其实也不错。

日夜苦读，终于发现教科书中也别有洞天：数学迷宫远比公园里的"八卦阵"引人入胜；读起英语课文，品味那升降轻重的韵律，只觉得它不亚于任何一首"名歌金曲"；政治也不再是位老夫子，受它教诲，有时真有"醍醐灌顶"的感觉。小弟无论如何也不能理解我为什么能连看两个小时的教科书一动不动，我冲他神秘地一笑："书中自有颜如玉，书中自有黄金屋。"书海撷英，不亦乐乎。

高三，最不怕的就数考试，为明天的测验泡杯浓咖啡那是过去的故事，考好了，淡然；考"糊"了，冷静，再也不会欢天喜地或垂头丧气。考试不过是阶段小结，是学习参考，何必视之如洪水猛兽？高三生该有自己的计划，这才是强者的姿态。十多年来，终于明白了那句被几十位老师强调过上百遍、被上千个学生私下咒骂过无数遍的话："考试不是目的，只是手段。"从此与老师达成了一个小小的共识，不亦乐乎。

"风声雨声读书声声声入耳；国事家事天下事事事关心。"《新闻联播》每日必看，《半月谈》期期必购。看报纸不再只挑三版四版，刘德华张曼玉退居二线，头版头条毕竟最为重要。要时兴之所至，按捺不住，就指点江山，激昂地"侃"一番，自以为也稍有些"英雄少年"的风度，不亦乐乎。

偶尔会有朋友来信,满怀兴趣浏览一遍,而后放下信拿起书。不回信对方也不会抱怨你礼数不周,因为来信写道:"知你繁忙,信不必复。"人到高三,与朋友间又多一份默契与谅解,友情升华,不亦乐乎。

有时想起"少儿"时期的梦,就用一种高远的心情去"鉴赏",就好像登上山巅俯视平川一样,欣赏它的美丽,当然也看到它的幼稚。临近高考,越发感到从小就架在心上的那根独木桥并不是鬼门关前的阴阳桥,越发明白自己寒窗苦读绝非仅仅为了它。于是超然于重荷之外,不亦乐乎。

真的爱上了高三的生活,这是一首进行曲,充满奋进的旋律,没有休止符,顾不上孤独;真的爱上了高三的心境,它平和是基于自信,它实际是因为满怀希望,不在乎孤独;真的爱上了高三的气魄,扬帆,把舵,斩浪向前,甩掉孤独。

高三的学生拥有自信,更拥有潇洒。

高三,何来孤独?

载于1993年3月27日《中学生学习报》

托物寄情，触景感悟
——《悟》赏析

卢艳同学的《悟》是一篇反映一个高考落榜、招工失败后的中学生真实心态的文章。语言朴实、含蓄，文笔简洁流畅，托物以寄情，触景而感悟，是这篇文章突出的艺术特色。

文章开头以对比手法，化用了朱自清《荷塘月色》中"这时候最热闹的，要数树上的蝉声与水里的蛙声；但热闹是他们的，我什么也没有"的语句，点明作者当时失落、郁闷、寂寥的心态。其下两段，边叙述、边抒情，具体写出这种心态的缘由。第四段的"泪水放纵""郁闷流泻"是这种心态的极致。第五段柳暗花明，笔锋一转，以细节描写手法，绘形绘声地描写一个身残志坚的年轻人在路灯下，马路旁，一手撑地，一手写字的动人情景。这一段作者思想升华了，由失落迷惘到感悟振奋。第六段写"悟"后心境，明朗、昂奋、进取的豪情跃然纸上。尾段独句收束，一语双关，意味深长。全文如一溪微起涟漪的流水，时缓时急，或抑或扬，统由惆怅—惊叹—明悟—奋取的心态贯穿，线索分明，蜿蜒畅达。文章标题"悟"含蓄醒目，耐人寻味，全文无一处明点题目，其意自然渗透于朴实的叙述、真切的抒情、深沉的议论文字之中。作者是深谙含蓄笔法的真谛的。

本文三次写到"路灯"，每次描写都十分贴切地反映出作者当时的心态。"路灯亮了，但很昏暗"，这是初次描写。为什么灯"亮"了，反而感到"昏暗"？一看上下文，便不难找出答案。原来作者此时正处于高考、招工两次名落孙山的打击中，失落感、苦涩情萦绕心头的境遇中，羞于见人，连行路都尽量选那"不被人注意的一侧"，故而灯再亮，人亦只感昏暗。这就是说，"昏暗"者，非灯也，乃系情也意也。正所谓情寄于灯，灯被情染，"感时花溅泪"，惆怅灯刺目啊。如果说第一次写灯为之"蓄势于前"的话，那么第二次对灯的描写就是"突转于后"了。你看,"路灯似乎猛然一亮,我的心似乎开了一扇明窗"。这是作者在看到侏儒人街头写字,尤其是普希金的勉人上进的诗句印入眼帘之后,触景感悟,领略到"人生之真谛",豪情生发,意欲继续执着追求自己理想的心境的真实写照,这就叫心明灯自亮,灯亮心亦明。"路灯更亮了",第三次写灯,戛然结束全文,简洁含蓄,韵味深长,一个自尊自强自信的青年人,在明灯照映下,踏上了新的征程……

发表于1993年3月27日《中学生学习报》

附录:

悟

河南郑州市创新高中　卢艳

　　知了在没完没了叫个不停,街道上人来人往熙攘声依旧,而欢乐是他们的,我什么也没有。

　　独自走在街道那不被人注意的一侧,我仿佛已经被整个世界遗忘。一种莫名的失落感萦绕在我左右,我似乎失去了许多东西,也许是往日那种遇事不退缩的执着,也许是最后一点希冀,也许是一种与生俱来的自信。直到现在,我还能感受到刚才看到招工落榜单后的那种刻骨铭心的痛感。我简直不能够再次承受这样的打击,高考落榜的晴空霹雳般的打击已给我判了刑,而这次无疑是给我判了死刑。

　　高考成绩公布后,我迷惘,不知所措。我不希望在家待业,不希望再给父母以经济上、心理上的负担,是一张亚细亚大酒店的招工广告把我从困惑黑暗中引向光明。那时我的内心充满了希望,我渴望从社会谋得一席之地,渴望社会能给我一个实现自身价值的机会。要知道,我是带着多么大的自信和勇气,站在一排招工考官面前接受考验。一关过了,我好舒畅;又一关过了,我似乎看到希望之光在熠熠闪耀;而这第三关的失败无疑把我推向深渊。路灯亮了,但很昏暗,我依旧沿街走着,独自品尝这种失落,这种苦涩。我想问天问地问行人,为什么我的命运如此多蹇?为什么让我几次历经挫折?为什么高等学府不成,就连招工也要被人嫌弃?

积郁了许久的泪水在放纵着,我仿佛要通过它把所有的郁闷流泻掉……

一盏路灯下聚集了许多人,我虽然已无心情再去顾及太多,可是有一种好奇感驱使我挤上前去。只见一个身患侏儒症,腿脚不灵便的年轻人,一手撑在地上,一手拿着粉笔在地上写字,那字漂亮极了,篆书、楷书、草书、行书,简直写绝了。从他口中得知,他练这手字已练了三四年,他不希望让别人供养他一辈子,就以此谋生,以求给人带来些美的享受。人们都在啧啧赞叹着,赞叹他的毅力,赞叹他身残志坚的品格。我久久注视着那顿挫有力的字,又望望那虽有残疾却充满希望与朝气的年轻人,我思想的潮水在上下翻滚着。那位年轻人一边念叨着,一边书写着普希金的名句:"朋友,假如生活欺骗了你,请不要悲伤;相信吧,那快乐的日子就要来到!"听着这首熟悉的诗,我仿佛又体会到了更深的意蕴。

路灯似乎猛然一亮,我的心似乎开了一扇明窗。我似乎找到了人生之真谛,有了普罗米修斯的那种豪情。是的,生活不仅仅有飓风疾雨、烈日霜寒。只要你拥有对生活真诚的爱,对理想执着的追求,又何愁无掌声喝彩?

路灯更亮了……

载于1993年3月20日《中学生学习报》

中考作文训练指导设计

一、前言

  中考作文的题型,概括地讲有两种:命题作文和供料作文。具体地说有四种:全命题作文,半命题作文,供料+命题作文,供料自拟题作文。中考作文的文体,记叙文居多,其次议论文和说明文,书信、阅读摘要、写作提纲、倡议书、演讲词、消息报道等应用文也不排除。作文的数量,有一篇的,也有一大一小两篇的。作文的篇幅,大作文一般要求为600字左右,小作文一般要求200字左右。作文的性质,除正常整篇性写作外,还有扩写性和补写性的。所谓扩写,指提供一则较短的材料,要求扩写为一篇数百字完整的文章;所谓补写,指提供开头和结尾,要求补写出中间部分,或者提供中间部分,要求补写出开头和结尾。

  中考作文带有共性的规定有下列几点:字体工整,笔画清晰,卷面洁净,标点正确,不写错别字和不规范的简化字;行文中不得出现真实的校名、班级名和学生、家长、老师的姓名,需要时可用××代替等。这些规定必须严格遵照执行,需知按规定行事,比如写字、文面、标点完全合乎要求者,不费吹灰之力便可额外得到1—3分的嘉奖,否则,就要受罚,扣除若干分;倘若马里马虎有意或无意地在文中直书学校、师生的名字,就可能全卷作废,按零分处理。可见对这些带有共性的要求不可等闲视之。

  自本期《作文》发出至走进中考考场,还有四十多天。时间虽短,但只要目标明确,方法得当,抓住要领,适当做一些写作训练,诸如审题立意、片段写作、构思提纲、多种文体各选写一篇等,就一定能够收到良好效果。常言道:临阵磨枪,不快也光嘛,何况距离上阵还有月余时间呢。

二、命题作文

1. 题目：①车　②怎样写好供料作文　③为什么要强调德、智、体全面发展　④电子游戏机自述　⑤人见人爱的她（他）　⑥一件令人亦喜亦忧的事　⑦师生之间　⑧春风赞　⑨由重奖运动员说起　⑩"下海热"小议　⑪逆境出人才　⑫"知足常乐"与"不知足常乐"　⑬"开卷有益"辩

2. 要求：①根据不同文体，以一种表达方式为主，兼用其他表达方式。②每篇文章字数均要求在600字左右，多不超过700字，少不少于500字。

3. 提示：上列①—④题均为说明文，其中①为介绍性说明文，可按总分式安排结构，先总说车的特征和功用，然后分类说明各种车的特点；②为记述性说明文，重在按程序说明写好供料作文的各步骤的要求及注意事项；③为阐述性说明文，主要是讲清楚德智体三个方面必须兼顾、全面发展的道理；④为文艺性说明文，宜用拟人手法，通过电子游戏机活泼有趣的自述，向读者介绍游戏机的构造原理、操作方法和对促进青少年智力发展的好处，同时告诫人们特别是青少年玩游戏机应适可而止，不要玩机成癖，以至荒废学业。⑤—⑧题均为记叙文，其中⑤为着重写人的记叙文，要通过对人物的外貌仪表、语言行为特别是思想品德方面的描述，让人信服你笔下的她（他）的确称得上是一个人见人爱的人物；⑥为着重记事的记叙文，范围是一件事，在叙述这件事的过程中就含而不露地让人体会到亦喜亦忧的滋味，在穿插议论或叙后短议中要点明喜何在忧何在；⑦为写人记事兼而有之的记叙文，可以写师生之间愉快的交往，也可写相互之间的误会冲突，可写一件事，也可写几件事，注意一定要触及师生双方，不能只写老师或学生一方；⑧为散文体记叙文，文学色彩应浓一些，重心是赞颂改革春风带来的新气象。⑨—⑬题均为议论文，其中⑨⑩两题为论题型议论文，点明了议论的事物范围，未表明观点主张；⑪⑫两题为论点型议论文，题目即文章的中心论点；⑬为逆向思维，带有驳论性的议论文。写第⑨⑩两题时注意观点要全面、辩证，不要偏颇、绝对化，既要充分肯定重奖成绩突出的运动员和越来越多的人们"下海"经商、参与市场经济活动的积极意义，也可指出在这两个问题上已出现的某些偏

差,发表自己合理的见解;写⑪题重在列举古今中外在逆境中顽强拼搏、卓有成就的典型例证,大家都知道的例子可略谈,鲜为人知的例子可详介;⑫题重在阐述道理,指明在什么问题上应当"知足常乐",在什么问题上要"不知足常乐",为什么要这样;⑬题开端可先从正面切入,"开卷有益"乃老生常谈、家喻户晓的俗语,确有其正确的一面,而后设问转入自己的论题,论证时既可引用权威性的有说服力的名言警句,如"阅读一本不适合自己阅读的书,比不阅读还要坏"(别林斯基),"不好的书也像不好的朋友一样,可能会把你戕害"(菲尔丁),也可列举因中坏书之毒而误入歧途的一些例证。

三、半命题作文

1.题目:①在下列正题下面,加上副标题,写一篇600字左右的文章,除诗歌外,文体不限。

  A. 梅花香自苦寒来   B. 沉痛的教训
  _____   _____

  C. 再也不能这样活   D. 时代的最强音
  _____   _____

  E. 一本催人上进的好书
  _____

②在下列题目空缺处填上恰当的词语,然后写一篇不少于600字的文章,除诗歌外,文体不限。

  A. 我爱_____   B. 当_____的时候
  C. 一个_____的人 D. 为_____正名
  E. 话说_____

2.提示:第①题中的五个正标题一般都点出了文章的主题思想,因此所加副标题应揭示文章的内容范围。这五个题目除 E 明显地适宜写成评述式议论文或解说式说明文外,前四个题目都可或写成记叙文,或写成杂文式议论文,究竟写什么文体,可根据自己的擅长和所熟悉的内容材料性质来定。注意不论是写人或者写事或者议理，都要力求做到小中见大，贴紧时代脉搏。第②题中为五个题目补充词语时要顺着题意，既合乎情理又简练、明确、通达，还应尽量避开俗套，比如 A 题，"我爱妈妈"，"我爱老师"，"我爱唱歌"，"我爱看书"等等，这些题目都太俗气，最好甩开；"我爱'不求甚解'（陶渊明语）"，"我爱抬杠"，"我爱'到中流击水'"，"我爱皱眉"，"我爱忘乎所以"……这些题目都能给人耳目一新、别致有趣的感觉。又如 B 题，不妨定为"当我做了××公司经理的时候"，"当我当了教育部长的时候"，"当我离开人间的时候"；C 题，可定为"一个爱开顶风船的人"，"一个甘为人梯的人"；D 题是对约定俗成的典故成语反向思维，可拟为"为'飞蛾扑火'正名"，"为'螳臂当车'正名"，"为'班门弄斧'正名"；E 题，可拟为"话说愚公精神"，"话说老黄牛精神"，"话说朦胧诗"等，这几题既可正面立论，也可逆向立意，不论是正是反，都要联系现实，富有针对性，破立结合，有理有据。

四、供料作文

1. 材料及要求

①鲁国的李小二和张氏夫妇二人，一个擅长做布鞋，一个擅长做帽子，打算到江南越国做鞋帽生意。临行前，鲁老伯劝阻他们说："越国气候炎热，那里的人自古以来不习惯穿鞋戴帽，你们到越国去做鞋帽买卖，纯粹是冒险。"李小二夫妇俩听后莞尔一笑，毅然南下……

要求：请联系现实，合理想象，把故事续写完整，题目自拟，全文 600 字左右。

②"奇迹多是在厄运中出现的。"（培根）"平静的湖面，练不出精悍的水手；安逸的环境，造不出时代的伟人。"（列别捷夫）"生活的情况越艰难，我越感到自己更坚强，甚而也更聪明。"（高尔基）"人的生命似洪水奔流，不遇着岛屿和暗礁，难以激起美丽的浪花。"（奥斯特洛夫斯基）"失败也是我需要的，它和成功对我一样有价值。只有在我知道一切做不好的方法以后，我才能知道做好一件工作的方法是什么。"（爱迪生）

要求：请综合这些格言或以其中某一句格言的启迪意义，联系实际，自拟题目，写一篇 600 字左右的记叙文或者议论文。

③报载美国阿拉斯加一个自然保护区为了保护一种珍稀的鹿种,将其天敌捕杀殆尽,结果鹿因不必再疲于奔命地跑动,活动减少,体质下降了,待瘟疫流行而造成大量死亡。为此,人们只好重新引进狼,鹿群的生机遂逐渐得以恢复。

要求:请根据这则材料,联系实际,写一篇600字左右的议论文,题目自拟。

④作家刘绍棠有次给中学生作报告。报告休息时间,一个女学生问刘绍棠:"刘叔叔,你的作品总是以歌颂光明事物为主。其实在现实生活中阴暗事物很多,你为啥不大力揭露?"刘绍棠没有正面回答这位女中学生的问题,看了看她,问道:"你的学生证可以让我看看吗?""当然可以。"女学生从口袋中掏出学生证递给他。刘端详了一下学生证上的照片,微笑着说:"这张照片和你的面容一样漂亮好看。我问你,你以前害过眼病吗?""害过,我上初一时右眼还戴过眼罩呢。""啊,那我问你,你为啥不在戴眼罩时照张相片贴到学生证上呢?""那哪行呀,那不能代表我的真实面目啊!""好,说得好。你刚才问我的问题,你自己已经正确地回答了。""啊……我明白了!谢谢刘叔叔。"女中学生恍然领悟,向刘绍棠躬身致礼。

要求:根据上述材料,联系实际,发表感想,写一篇600字左右的议论文。

⑤仔细欣赏漫画《8(发)》,先客观叙述一下画面上的人物的语言、动作、神态,字数在150字以内,然后根据漫画内涵,联系现实,自拟题目,写一篇500字左右的议论文。

⑥一位将军因公出差,途经某市。晚间投宿,问了几家旅社,住宿费都太贵,最后找到一家收费低廉、一宿5元的小旅店。旅店服务员收费登记时在军人证上职务栏内看到"少将"字样,心想:"堂堂少将,怎么会住这样低档的小店,准是个冒牌货。"将军交过费走进房间后,服务员马上拨通了派出所的电话。……就在将军准备就寝时,几位公安人员来了,不由分说地把他"请"到了派出所。经过一个晚上的盘问折腾,最后证实他确确实实是一

位少将军衔的将军。

要求:从将军被带到派出所办公室后的情景开始写起,展开合理的想象,写一篇熔记叙、描写和议论于一炉的文章,字数800字左右,题目自拟。

⑦有人说:"牵牛花勇于攀登,奋发向上,喇叭状的紫红花质朴无华,像是在吹奏改革开放凯歌的号角……"有人说:"牵牛花只有顺着木棍、树枝、绳索什么的才能向上爬,分明是个不能自立的软骨头。牵牛花的形状像高音喇叭,不像号手,倒像是个夸夸其谈的吹牛家……"

要求:请以"牵牛花"为题,写一篇600字左右的文章,除诗歌外,文体不限。

⑧初三一班的张勇和周刚两个同学在"星期日市场"上摆地摊出售小学毕业时期用过的各种复习参考书,正巧班主任李老师来到市场看见了他俩。

要求:请先将师生在市场上见面时的情景(以师生双方的神态、对话、心理的描述为重点)写出来,字数在100字左右。然后就此事发表自己的看法,写一篇600字左右的议论文,题目自拟。

⑨为了开好班上1993年元旦联欢会,请你:

A.以班委会名义在12月15日向全班同学写一个"通知",让同学们按通知中的具体要求做好充分准备。

B.以班委会名义给班主任刘老师写一张"请柬",邀请他第二天(12月31日)下午两点到班上参加联欢会。

C.以班长身份在联欢会开始发表"元旦献词"。献词中要回顾过去,列举本班一学期来在校内各项评比活动(政治思想、文化学习、体育文娱活动等)中取得的成绩;展望未来,向同学们提出希望和要求。请写出这篇讲话稿,字数在300字以内。

⑩去年十月的一次班会上,某班举行了一次新颖别致的活动:童州市市长竞选扩大记者招待会。会上,有四个同学作为市长竞选人发表了施政演说。省、市电视台、电台、报社的记者们当场向市长竞选者质疑提问,竞选者当场解答。最后通过投票,华凯方同学当选为童州市市长。

要求:A.以《童州晚报》记者的身份写一篇百字以内的消息报道,标题为"主副式"。

B. 假定你就是华凯方,请写出参加竞选的施政演说稿——《假如我当选为童州市长》,篇幅在600字以内。

2. 提示:供料作文的材料类型大致有情节型(如①③④⑥题)、格言警句型(如第②题)、图画型(如第⑤题)、评介型(如第⑦题)、场面型(如第⑧题)、组合型(如⑨⑩题)等几种。无论哪种类型的材料,关键都是首先读懂材料,弄清要求,而后确立主题,联系实际,选组素材,运笔成文。就写作要求而言,上述试题,有只供材料、题目自拟的,有既供材料又规定题目的;有一则材料写一篇的,有一则材料写两篇、三篇的;有要写整篇的,有要写场面片段的;涉及文体多种多样,记叙文、议论文、说明文、应用文等应有尽有。自拟文题一要切题,二要简明醒目。写情节型材料议论文时,要特别注意恰当处理原材料,既不能完全撇开,由始到终对原材料一句不提,也不能大段照抄原材料,而应在行文中于必要处精当地引用。关于议论文的立意角度,要在符合题意规定情景的前提下,努力做到新颖、深刻、辩证,比如第③题的立意角度可为"生存竞争是生物界不可缺少的",进而引申为"人类也要在竞争中求生存,在竞争中求发展";第④题的立意角度可为"文学要反映生活本质的真实。我们国家现实社会中,光明、进步、美好的事物是主流,阴暗、落后、丑恶的现象确也存在,但它是支汊暗流,是经常遭社会舆论谴责、迟早要受到国家法律惩治的。唯有前者才是我们国家、我们社会本质面貌的真实反映";第⑤题的立意角度可为"改革大潮改变了人们的思想观念,过去谈之色变的'发财'二字,现在可以理直气壮地喊出来了。只要手段正当,财发得越多越大越好。这无疑是一种社会进步。但不知何时,'8'这个数字却和'发财'的'发'像同胞兄弟似的连在了一起,'16888'成了'一路发发发','21008'成了'尔(你)要连连发'。一时,'8'字价值连城,一个带连'8'的电话号码成千上万甚至高达十多万元拍卖于市场;'8''发'充塞于报纸、电视、广播中,炸响于人们的口边耳畔。碰运气、封建迷信等沉渣遂又泛起。这幅漫画的内涵讽刺的正是这种现象。画面上的文字告诉人们:某些舆论宣传导向的错误,已经带来了毒化少年儿童心灵的恶果",进而提炼出"宣传要注意导向""不能为沉渣泛起鸣锣开道"等论点。第⑥题在记叙、描写时,要着重表现将军的一身正气和审问者的变态心理,在议论时要着重批判某些人陈腐的封建等级观念,许多该疑该怪的事却麻木不仁无动于衷,不该疑不该怪的事反而莫名其妙地疑起来怪起来,真乃令人可悲可笑可气,令人深思,令人痛心!第⑧题议论时不要离开特定的时间、地点等情景,节外生枝地大批所谓"读书无用论""弃学经商"云云,也不要倒向另一极端,大力提倡什么中学生投入"星期日市场"洪流,尤其不能信口开河地鼓吹什么中学生也可以搞"第二职业"等等。总之,观点要全面、辩证,要顺乎国情时代情,顺乎中学生实情,该肯定什么就肯定什么,该提醒什么就提醒什么。

附注:本文为与王桂兰老师合作。

原载于《作文》1993年第5期

高考作文五要领

近两年,在评阅高考预选和高考语文试卷中,我看到了不少优秀作文,也发现了考生作文中存在着许多问题。今年高考迫在眉睫,现根据我所掌握的作文中的好、差情况,提出一些意见,姑且称作"高考作文五要领"以供青年同学们参考。

一要立意确切、深刻、新颖。这里所谓立意,包括文题的拟定和主题的确立。倘若是预设条件作文(按,自1978年恢复全国统一高考命题以来,除1982年系命题作文《先天下之忧而忧,后天下之乐而乐》之外,其余均是提供材料、预设条件的作文),首先要根据材料限定的范围,拟好题目,想好主题——文章的中心意思或中心论点。拟定文题的原则是:符合体裁要求,切合主题内容,外延适度,简练醒目,既有较强的思想性,又有较浓的文学色彩。比如,前年高考看图作文,要求先写一篇短小的说明文,而后自拟题目写篇议论文,有的考生的议论文题拟得很好:《锲而不舍,终将功成》《信心·恒心·耐心》《要持之以恒,不要半途而废》《行百里路半九十》《坚持就是胜利》……这些题目都符合上述原则。相反,有些考生不认真审题,把说明文写成了记叙文、寓言故事或议论文,把议论文写成了记叙文。又如,去年高考作文要求根据卷面上提供的材料,写一篇关于改革作文教学现状的议论文,《为有源头活水来》《文以真为美,以情动人》《阅读·观察·练笔·修改》《作文改革,刻不容缓》……这些文题,都蛮不错;《记一次作文》——体裁错了,此为记叙文题;《科学是指挥员,实践是战士》——文理不通,不合题意;《论教育必须改革》——题目外延过宽;《学好作文一定要打下坚实的基础,经常向老师求教》——啰里啰唆,不像文题。题目拟定的同时,就要考虑文章的主题。主题的基本要求是符合试题的意义和范围的规定,进而做到深刻、新颖。某考生以《蜜蜂·鹰眼·镜子》为题,文中以蜜蜂采蜜类比写作需要积累,以屠格涅夫称赞托尔斯泰有一双"鹰眼"论及写作需要悉心观察,以唐太宗之"以人为鉴,可知得失"的典故推论写作,说"以评改为鉴,可知文章得失",结尾写道:"我相信,如果大家能像蜜蜂那样勤于积累,如鹰眼一样观察敏锐,再加上老师的悉心指导,自己的勤学苦练,中国的托尔斯泰,现代的白居易,一定会在我们同学中间出现。"这篇文章的题目是多么别致,主题是多么确切、深刻而新颖啊!总之,题目拟得好不好,特别是主题明确与否,关系着一篇文章的成败,同学们要高度重视,切忌写错文体,偏离主题。

二要注意观点全面、正确,力戒片面、错误。这里所谓观点全面,并非不分主次地面面俱到,而是说所拟题目须能笼罩全文,所定主题、论点符合试题材料的重点、实质;同时也是说在行文之中对事物进行判断或推理时,要合乎逻辑,合乎科学,令人口服心服。比如今年高考预选中,郑州某考生在作文中谈"人生观"的问题时写道:"新型的中学生要树立正确的人生观,具体地说就是'升学观',上大学是很光荣很理想的……"把人生观解释成为"升学观",显然是错误的。再如去年高考作文中,某考生说:"作文是练出来的,不是老师改出来的,关键是多练习……"多练习是对的,但也不能忽视老师的批改嘛。这种观点显然是片面的。又如,某考生说:"因为作文很重要,所以它是很难写的。"作文重要与作文难写这两个问题毫无因果关系可言,这样推理显然不合逻辑事理,不能服人。历来作文评分标准中都有一条明确规定:思想观点有严重错误的,按末类卷给分,必要时还须提交评卷领导小组研究处理。所以,在这个问题上,同学们万万不可掉以轻心。

三要结构完整,层次清晰,篇幅长短适当。句与句之间、段与段之间要有合理的内在联系,开头与结尾要遥相呼应。文章篇幅,应按试卷上的字数规定安排。例如试卷要求全文800字以内,那么,多则不要超过850字,少则不要短于700字。按一般评卷规则,每超过字数规定50字者,即扣1分;至于内容贫乏,全文不足300字者,那就只能判为最差等卷。有些考生的文章,全文不分段,层次不清,句与句之间,句群与句群之间缺乏内在联系,东一榔头,西一棒槌;观点与材料相脱节,前后论题随意转移;要么长得可怕,超过规定数百言,要么短得可怜,全篇仅二三百字。所有这些,都是不足取的。顺便提一句,关于文章结构问题,对于多数同学来讲,我看不必好高骛远,标新立异,能把握住"老三段"的写法就不错了。也就是说,一篇文章,分作三大段:第一大段开门见山,点出主题,提出中心论点;第二大段为文章主体部分,说明主题,阐明论点,这部分可根据内容再分若干小段;第三大段呼应开头,总结全文,言简意明地再点一下主题、论点。当然,在主题明确的前提下,结构愈巧、愈新愈好。譬如前面提到的那篇优秀作文《蜜蜂·鹰眼·镜子》,是这样开头的:"明明是要求谈对中学生作文的看法,怎么写起蜜蜂、鹰眼、镜子来了?写下这个题目我就感到好笑,可是提起我和同学们在写作中存在的问题,我就不由得联想到这几件与写作似乎风马牛不相及的东西。"这个开头不仅与文题巧相吻合,而且运用了比兴手法,暗点论题,为全文中心论点做好铺垫,别开生面,引人深思。接下来分为三段依次摆事实、讲道理阐明蜜蜂、鹰眼、镜子的寓意,最后一段照应开头和全文,瓜熟蒂落、水到渠成地明确揭示出文章的中心论点。

　　四要语言准确、流畅、简洁、生动。语言准确、通顺、简洁是起码的要求。所谓准确、通顺,就是说要用合乎语法、合乎逻辑的语言,明白如话地写出自己的真情实感;所谓简洁,有两个要点:一是文章内容不要前后重复,一是句子内部不要重复出现不必要的词语,要多用短句,少用复杂词组充当定语、状语或宾语的长句子;必须用长句子时,一定要审慎措词,力避啰唆和其他语病。在语句通顺、简洁的基础上,进而力求做到语言生动流畅。某考生在论述改进了作文教学之后的良好效果时说道:"汗水浇出幸福花。由于老师指导得法,同学们多读多练,大家的写作水平日益提高。在《躬耕》杂志里,我留下了一缕清香;在《中学语文》中,老师写出了作文教学经验;在《奔流》中,王刚同学捧上了一束小花;在《梁园》里,李明插上了柳枝……"这段话非同一般,用词清新,表达含蓄,行文流畅,耐人咀嚼。

　　五要字写正确、清楚,认真标点,款式恰当,卷面整洁。这些问题,虽属老生常谈,人人知晓,但仍有强调的必要。我要郑重提醒同学们注意:每年高考评卷时,对于错别字,对于写字潦草、标点错误较多、款式不当(如每段开头不空格、把破折号或省略号割裂于上行尾格和下行首格等)、卷面脏乱的作文,扣分是板上钉钉,不容留情的。我在评阅作文试卷中,就常遇到这样的情况:就主题内容、结构形式、语言表达来讲,可给二类中等分——35分左右,但因有六个错别字,扣去2分;又因标点错误过多扣去2分,写字草率、乱涂乱抹、卷面不洁扣去1分。结果七扣八扣,只好降为三类卷——不及格了。

衷心祝愿青年同学们取佳文之长,避差文之短,在今年高考作文中获得优异的成绩。

1985年5月

中学文言诗、文书名探源

本文所列书名以现行中学语文统编教材中涉及的为限。行文顺序为各类书名命名缘由,对书名缘由的简要说明,教材中所选诗文篇名。

一、以姓氏+"子"(对古代有学问的男子的尊称)命名

《列子》 列子,战国时郑人列御寇。初中第一册《两小儿辩日》选自此书。

《墨子》 墨子,战国时鲁人(一说宋人),名翟(读 dí),思想家。初中第五册《公输》。

《孟子》 孟子,战国时邹人,名轲,字子舆,孔子之后的儒家大师。初中第五册《孟子二章:〈得道多助,失道寡助〉、〈生于忧患,死于安乐〉》,高中第四册《孟子二章:〈鱼我所欲也〉、〈庄暴见孟子〉》,高中第五册《齐桓晋文之事》。

《左传》 作者左丘明,春秋时鲁人。因《左传》是解说("传")史书《春秋》的,所以此书又名《左氏春秋》或《春秋左氏传》。初中第六册《曹刿论战》,高中第五册《殽之战》。

《荀子》 荀子,名况,战国时赵人,思想家。高中第二册《劝学》。

《孙子》 孙子,即孙武,春秋时齐国人,军事家。此书又名《孙子兵法》。高中第三册《谋攻》。

《庄子》 庄子,即庄周,战国时宋国蒙(今河南商丘)人,道家代表。高中第四册《庖丁解牛》。

《吕氏春秋》 吕氏,吕不韦,战国时大商人,曾为秦国相国。此书是吕不韦邀集门客们集体编写的先秦杂家著作。古代习惯上把先秦时期的著作,特别是史料著作称为"春秋"。高中第一册《察今》。

110　　　　　· 天伦诗文选 ·

二、以姓氏和年号命名

《白氏长庆集》 白氏,指唐代著名诗人白居易,长庆,指唐穆宗年号。长庆四年(824年),白居易的好友元稹编订此书。初中第二册《卖炭翁》,初中第三册《忆江南》,初中第四册《钱塘湖春行》,高中第二册《琵琶行》。

三、以皇帝年号命名

《嘉祐集》 作者苏洵,北宋散文家。嘉祐,宋仁宗年号。高中第三册《六国论》。

四、以姓名命名

《韩非子》 作者韩非,战国时韩人,法家代表人物。初中第一册《智子疑邻》,初中第二册《扁鹊见蔡桓公》。

《陆游集》 陆游,南宋著名爱国诗人。初中第三册《十一月四日风雨大作》,高中第五册《过小孤山大孤山》。

《陶渊明集》 陶渊明,又名潜,东晋诗人。初中第四册《桃花源记》,高中第六册《诗二首:〈归园田居〉、〈饮酒〉》。

《诸葛亮集》 诸葛亮,三国时政治家、军事家。初中第六册《出师表》。

《岑参集》 岑参,唐朝诗人。初中第五册《白雪歌送武判官归京》。

《龚自珍全集》 龚自珍,清代文学家、思想家。高中第二册《病梅馆记》。

五、以姓、字命名

《李太白全集》 李白,字太白,唐朝著名诗人。初中第一册《静夜思》,初中第二册《秋浦歌》,初中第三册《望天门山》,初中第五册《送友人》,高中第三册《梦游天姥吟留别》,高中第五册《行路难》。

《王子安集》 王勃,字子安,唐朝诗人。初中第三册《送杜少府之任蜀州》。

《李笠翁一家言·笠翁偶集》 作者李渔,明末清初戏曲理论家、作家,字笠翁,一说字笠鸿,号笠翁。高中第一册《芙蕖》。

《宗子相先生集》 作者宗臣,字子相,明朝散文家。高中第五册《报刘一丈书》。

《魏叔子文集》 作者魏禧,字冰叔、叔子,清代散文家。初中第三册《大铁椎

文章篇 111

传》。

六、以号命名

《杜少陵集详注》 作者杜甫,自号少陵野老,唐朝著名诗人。初中第一册《江畔独步寻花》,高中第三册《茅屋为秋风所破歌》,高中第五册《兵车行》。

《庸庵全集》 作者薛福成,号庸庵,清末人。初中第二册《观巴黎油画记》。

《蔡子民先生言行录》 作者蔡元培,号子民,近代教育家。初中第三册《图画》。

《文山先生全集》 作者文天祥,自号文山,南宋政治家、诗人。初中第五册《过零丁洋》,高中第四册《指南录后序》。

《苏东坡全集》 作者苏轼,号东坡居士,宋朝文学家。初中第五册《浣溪沙》,高中第二册《石钟山记》。

《东坡乐府》 高中第四册《念奴娇·赤壁怀古》。

《稼轩长短句》 作者辛弃疾,号稼轩,南宋爱国词人。初中第四册《西江月》,初中第五册《清平乐·村居》,高中第四册《永遇乐·京口北固亭怀古》。

《方望溪先生全集》 作者方苞,号望溪,清朝散文家。高中第二册《狱中杂记》,高中第五册《左忠毅公逸事》。

《徐霞客游记》 作者徐宏祖,别号霞客,明朝地理学家。高中第三册《游黄山记》。

《南雷文定前集》 作者黄宗羲,号南雷,明末清初思想家、史学家。高中第三册《柳敬亭传》。

《震川文集》 作者归有光,号震川,明朝文学家。高中第五册《项脊轩志》。

《亭林诗文集》 作者顾炎武,别号亭林,明末清初思想家、学者。高中第五册《复庵记》。

《洪北江全集》 作者洪亮吉,号北江,清朝学者、经学家、文学家。高中第五册《治平篇》。

《樊川文集》 作者杜牧,号樊川,唐朝诗人、散文家。高中第四册《阿房宫赋》。

《诚斋集》 作者杨万里，号诚斋，宋朝诗人。初中第一册《晓出净慈寺送林子方》。

七、以谥号命名

《欧阳文忠公文集》 作者欧阳修，谥号文忠，北宋文学家、史学家。初中第一册《卖油翁》，初中第五册《醉翁亭记》。

《周元公集》 作者周敦颐，谥号元公，宋朝哲学家。初中第三册《爱莲说》。

《范文正公集》 作者范仲淹，谥号文正，宋朝文学家。初中第五册《岳阳楼记》。

《王文公文集》 作者王安石，北宋政治家、思想家、文学家，谥号文。初中第一册《伤仲永》。

八、以官位命名

《淮南子》 此书是西汉淮南王刘安及其门客集体编撰的。初中第一册《塞翁失马》。

《魏郑公文集》 作者魏征，唐代政治家、史学家，被封为郑国公。高中第六册《谏太宗十思疏》。

《杜工部集》 作者杜甫，曾任检校工部员外郎。初中第三册《春夜喜雨》，初中第四册《石壕吏》，初中第六册《闻官军收河南河北》。

《王右丞集》 作者王维，唐朝诗人，曾任尚书右丞。初中第一册《鸟鸣涧》，初中第四册《送元二使安西》，初中第六册《观猎》。

《高常侍集》 作者高适，唐朝诗人，代宗年间曾任左散骑常侍。初中第四册《别董大》。

《宋学士文集》 作者宋濂，元末明初散文家，曾任翰林学士。高中第四册《送东阳马生序》。

九、以官位和谥号命名

《诚意伯刘文成公文集》 作者刘基，元末明初政治家、文学家，因辅佐朱元璋开创明王朝有功，被封为"诚意伯"，死后谥号文成。初中第四册《卖柑者言》。

十、以地名或以地方山水名胜命名

(一)以家乡命名

《柳河东集》 作者柳宗元,唐代河东(今山西永济县)人,著名文学家。初中第一册《黔之驴》,初中第四册《小石潭记》,初中第五册《捕蛇者说》。

《昌黎先生集》 作者韩愈,唐代著名文学家。一说韩愈祖籍昌黎,一说唐代讲究门第郡望,河北昌黎韩氏乃名门望族,因而韩愈自谓昌黎人。关于韩愈本人的家乡,一般说法是河阳(今河南孟县),也有人说是今河南南阳县。初中第四册《马说》,高中第一册《师说》,高中第六册《原毁》。

《孟襄阳集》 作者孟浩然,湖北襄阳人,唐朝诗人。初中第四册《过故人庄》。

《临川先生文集》 作者王安石,江西临川人。初中第六册《答司马谏议书》,高中第一册《游褒禅山记》。

(二)以曾经居住过的地方命名

《小仓山房文集》 作者袁枚,清代诗人,三十三岁辞官后定居南京小仓山。初中第四册《黄生借书说》,高中第六册《祭妹文》。

《梦溪笔谈》 作者沈括,宋代科学家,晚年退居润州梦溪园(今江苏镇江东郊)。初中第四册《活板》,高中第二册《梦溪笔谈二则:〈采草药〉、〈雁荡山〉》。

(三)以家乡的山水名胜命名

《洹词》 作者崔铣,明朝安阳(今河南安阳)人;洹(huán)水,又名安阳河,流经安阳境内。高中第一册《记王忠肃公翱事》。

《鲒埼亭集外编》 作者全祖望,清朝文学家、史学家,浙江鄞县人。据《汉书·地理志》上记载:"会稽郡鄞县有鲒埼亭。"高中第二册《梅花岭记》。

十一、以书斋命名

《白鹤堂诗文集》 作者彭端淑,清朝人。初中第一册《为学》。

《敬业堂诗集》 作者查慎行,清朝诗人。初中第二册《舟夜书所见》。

《春酒堂遗书》 作者周容,明朝诗人。初中第五册《芋老人传》。

《惜抱轩诗文集》 作者姚鼐,清朝桐城派古文家。初中第六册《登泰山记》。

《饮冰室合集》 作者梁启超,近代学者,在文学、史学等方面都有很深的造诣。他是清末维新变法运动的主要人物之一。"饮冰",语出《庄子·人间世》:"今吾朝受命而夕饮冰,我其内热与。"以"饮冰"为书斋名,表明作者对国家前途的忧虑焦灼。初中第五册《少年中国说》,高中第二册《谭嗣同》。

《七录斋集》 作者张溥,明末文学家,明末爱国社团"复社"的创始人和领袖。张溥自幼勤苦好学,所读书必手抄六七遍,每抄一遍后即烧毁,而后再抄。后以此而将自己的书斋题名为"七录斋"。高中第二册《五人墓碑记》。

《聊斋志异》 作者蒲松龄,清朝著名文学家。"聊斋",书斋名;"志异",记述怪异故事。初中第一册《狼》,高中第三册《促织》。

十二、以书文的内容性质、编著者的意图宗旨命名

《论语》 此书为孔门弟子编纂,主要记述孔子的言行,有孔子应答弟子或别人的话,也有弟子间相互谈论他们所听到的孔子的言论。初中第二册《论语六则》,高中第五册《子路、曾皙、冉有、公西华侍坐》。

《世说新语》 此书为南北朝时期宋朝刘义庆编辑,记录世人传说的从汉末到东晋士大夫阶层的遗闻轶事。初中第三册《周处》。

《清稗类钞》 近代人徐珂编辑。"稗",泛指记载社会轶闻琐事的稗史一类的书。徐珂根据报章和民间传闻,辑录了清代由顺治至宣统二百六十多年的史实,分作时令、地理、外交、兵刑、战事、风俗、工艺、文学等92类,成书于1916年。初中第三册《冯婉贞》。

《资治通鉴》 宋朝司马光主编。此书是宋神宗赵顼赐名,意思为有鉴于往事,资以治道,为皇帝提供统治人民的历史经验。初中第三册《李愬雪夜入蔡州》,高中第一册《赤壁之战》。

《明夷待访录》 作者黄宗羲,明末清初思想家、史学家。据作者在此书的自序中所写,可知其意图是给尚未出现的汉族新政权预拟法制、讲明治平(社会安定)的方法,等待将来的君主见访采用。高中第一册《原君》。

《论衡》 作者王充,东汉著名思想家。《论衡·对作篇》云:"……故'论衡'者所以铨轻重之言,立真伪之平,非苟调文饰辞,为奇伟也。"铨,衡量轻重的器

具;平,旧指一种衡量的标准。总之,"论衡"者,论述事物是非真伪的标准。高中第四册《订鬼》。

《经进东坡文集事略》 此书乃宋朝郎晔选注。他从苏轼的文章中选取四百余篇并作注释,于宋光宗(赵惇)绍熙二年表进,名曰《经进东坡文集事略》。"经",指圣贤所著的书文,这里指苏轼的文章;"进",即表——汉魏以来,凡标著事序,使之明白,以晓主上,得尽其忠曰表。高中第六册《教战守策》。

《玉台新咏》 此书是南朝梁陈时期文学家徐陵秉承喜好艳情诗的梁简文帝萧纲的意旨编选的。书前序文中明确说此书旨在"撰录艳歌",故书中多为轻靡逗情之作,但其中也保存了少量表现青年男女真挚爱情和妇女痛苦等有积极意义的作品。《玉台新咏》是我国文学史上继《诗经》《楚辞》后出现的又一部具有代表性的诗歌总集。高中第三册《孔雀东南飞》。

《凫藻集》 作者高启,明朝诗人,性格疏狂,文武全才,诗风雄浑。"凫藻",亦作"拊噪""鼓噪",形容武士欢悦如凫(水鸟名)戏藻。《后汉书·刘陶传》:"灵台有子来之人,武旅有凫藻之士。"又,《后汉书·杜诗传》:"将帅和睦,士卒凫藻。"高中第四册《书博鸡者事》。

《艺文类聚》 唐朝欧阳询奉敕编撰此书,按类事、诗文等分类编排,计48门类。高中第三册《与朱元思书》(此文作者吴均,南朝梁文学家)。

《黄花冈七十二烈士事略·序》 1919年,邹鲁根据黄花冈七十二烈士的事迹编写此书;1921年,孙文写了这篇序。"事略",一种文体,是记述人物生平或事件经过的大略情况的;"序",也是一种文体。高中第五册语文教材选入此文。

《广州三月二十九日革命史》 此书是"民智书局"1926年出版的,记载了1911年4月27日(旧历三月二十九日)广州起义的史实。高中第二册语文中《与妻书》一文(作者林觉民)选自此书。

《漱玉词》 作者李清照,宋代著名女词人。漱玉,指山泉激石,飞流溅白,晶莹如玉。西晋陆机《招隐诗》:"山溜何泠泠,飞泉漱鸣玉。"以"漱玉"作为集名,既指作者坚贞高洁的人品,也是作者清新高雅的诗词风格的写照。初中第四册《如梦令》。

《新书》 作者贾谊,西汉初期著名政论家、文学家。西汉末年,刘向搜集散存在社会上的贾谊的文章旧稿,加以整理编排,定名为《新书》。高中第四册《过秦论》。

十三、以体裁命名

《诗经》 我国第一部诗歌总集,收入自西周初年至春秋中叶大约五百多年的诗歌305篇。高中第一册《诗经二首:〈伐檀〉、〈硕鼠〉》。

《楚辞集注》 "楚辞"是战国时代以屈原为代表的楚国人创作的诗歌,它是《诗经》以后的一种新诗体。西汉末年,刘向整理古籍,把屈原、宋玉等人的作品编辑成书,定名为《楚辞》。宋朝朱熹对《楚辞》作品加以考证、注释,编撰而成《楚辞集注》。高中第六册《涉江》。

《史记》 汉朝史学家、文学家司马迁编著。从文学角度讲,《史记》堪称是不朽的史传文学巨作。初中第六册《陈涉世家》,高中第一册《廉颇蔺相如列传》,高中第二册《鸿门宴》,高中第三册《信陵君窃符救赵》,高中第六册《屈原列传》。

《乐府诗集》 宋朝郭茂倩编定,全书一百卷,分十二类,辑录了从汉魏至唐五代的乐府歌辞。"乐府",最初的意思是音乐机关,乐即音乐,府即官府,后来则成了一种带有音乐性的诗体的名称。初中第一册《敕勒歌》,初中第二册《长歌行》,初中第三册《木兰诗》,初中第四册《观沧海》,初中第六册《陌上桑》。

《散曲丛刊》 初中第六册《朝天子·咏喇叭》(作者王磐,明朝散曲作家)。

《历代诗歌选》 此书由中国青年出版社1980年出版。初中第一册《蚕妇》。

《古代诗歌选》 初中第三册《石灰吟》。

十四、以国别、朝代命名

《国语》 《国语》是我国最早的国别体史书,分别记载周王朝及诸侯各国之事,主要是记言,故名为"国语"。作者不详,当是战国初期一个熟悉历史掌故的人物。初中第六册《叔向贺贫》。

《战国策》 此书是西汉末年刘向整理编定,分国编次,每国一策,共十二策,三十三篇。初中第五册《触龙说赵太后》,初中第六册《唐雎不辱使命》,高中第一册《邹忌讽齐王纳谏》,高中第六册《荆轲刺秦王》。

《汉书》 东汉史学家、文学家班固编著。《汉书》是继《史记》之后又一部史传文学著作。《汉书》中附录了大量的散文辞赋。高中第三册语文教材中的《论积贮疏》即选自《汉书·食货志》。

《后汉书》 作者范晔,南朝宋史学家、文学家。初中第一册《乐羊子妻》,高中第三册《张衡传》。

《三国志》 作者陈寿,西晋著名史学家。初中第六册《隆中对》。

《全唐诗》 此书由清朝康熙年间彭定求等十人编选。初中第一册《回乡偶书》(贺知章),初中第五册《黄鹤楼》(崔颢)。

《全唐文》 此书系清朝董诰等人编选,共收唐、五代作家三千余人的作品18400余篇。初中第三册《陋室铭》(刘禹锡)。

《唐宋诗举要》 近人高步瀛编选。初中第一册《凉州词》(王之涣)。初中第二册《芙蓉楼送辛渐》(王昌龄)、《江南春绝句》(杜牧)、《江南逢李龟年》(杜甫)、《惠崇春江晚景》(苏轼)。

《唐宋诸贤绝妙词选》 初中第三册《渔歌子》(张志和)。

《新五代史》 宋朝文学家、史学家欧阳修编撰。高中第五册《伶官传序》。

《全宋词》 编者唐圭璋,中华书局1965年出版。初中第六册《渔家傲》(范仲淹),高中第五册《雨霖铃》(柳永)、《扬州慢》(姜夔)。

《全元散曲》 编者隋树森,中华书局1964年出版。初中第六册《山坡羊·潼关怀古》(张养浩),高中第六册《〔般涉调〕哨遍 高祖还乡》(睢景臣)。

《元曲选》 高中第六册《陈州粜米》。

十五、以历史人物命名

《虞初新志》 此书是清朝人张潮编选的笔记体小说。虞初,人名,西汉武帝时侍郎,世称"黄车使者",他曾根据《周书》写成通俗的《周说》,全书940余篇文章(今佚)。《汉书·艺文志》将虞初列为小说家,后世常以其名作为笔记小说的代称。初中第二册《口技》(清末林嗣环作),初中第四册《核舟记》(明末魏学洢作)。

补叙：

一、本文写作缘起，是鉴于1983年全国高考语文试题中有一道曰："杜甫晚年曾做过检校工部员外郎，所以后人有时称他为＿＿＿＿"。此题答案为"杜工部"。由此，我想到杜甫的部分诗作不是收录在《杜工部集》中吗？进而想到，古诗文集的书名是多种多样、五花八门的，倘若把中学语文教材中所有文言文书名的由来探索一下，分类归纳一番，对教学不是很有好处吗？1984年底，此文初稿写成后说予同学，同学们很感兴趣。

二、《漱玉词》(李清照)、《新书》(刘向编排的贾谊文稿)这两本书的题名来源，我至今尚无十分把握，根据已搜集到的资料，暂将其归入第十二条"以书文的内容性质、编著者的意图宗旨命名"之中。李清照是济南人，济南多泉水，在趵突泉公园内，有一泉池名为"漱玉泉"，这与《漱玉词》之名有无联系呢？笔者请教过多人，均不置可否。刘向为什么把贾谊的作品定名为《新书》，是否只是为了区别于散存在社会上的贾谊文章的旧稿？这两个问题作为存疑，提出来求教名家和读者。

连载于《中学生文苑》1988年第41、44辑

授业传道,潜移默化
——我是怎样在语文教学中渗透德育的

在中学设置的各个学科中,除政治课外,没有比语文与德育关系更密切、在教学中更便于对学生进行思想政治教育的学科了。且不说语文教材中的数百篇讲读课文篇篇都可说是指引学生认识社会、改造社会,陶冶学生情操,提高学生思想觉悟的生动形象的教材,就是在日常的语言文字基础知识教学和写作训练中,也无时不在对学生进行社会主义的道德品质、爱国主义和健康高尚的审美观等思想教育。因此,一个称职的语文教师,必须自觉地把德育教育渗透在自己的整个教学过程。《语文教学大纲》说得好:"语文训练和思想政治教育二者是统一的,相辅相成的,语文训练必须重视思想政治教育;思想政治教育必须根据语文学科的特点,渗透在进行的过程中,起到潜移默化的作用。"

语文教学中我是怎样在传授知识的同时潜移默化,渗透德育的呢?

一、在讲读教学中渗透德育。首先,在学期伊始,应对全册教材课文中所体现出的思想教育内容有所了解,以此作为联系现实、了解学生思想、搜集教学资料的依据。比如高中第一册共8个单元36篇课文,涉及如何对待党的领导(第三课《如何用彻底的唯物主义精神对待党的领导》),如何对待改革开放后外来文化中的好坏事物(第二课《拿来主义》),努力学习,做有真才实学的实干家(第一课《善于建设一个新世界》),发扬共产主义风格,坚信社会主义制度优越(第十二课《为了六十一个阶级弟兄》),热爱祖国壮丽河山,培养勇攀高峰的坚强意志(第六课《雨中登泰山》、第七课《长江三峡》),第二十九课《游褒禅山记》,继承与发扬爱国主义精神(第二十八课《三元里抗英》),克服教条主义,养成实事求是的思想方法(第三十课《石钟山记》、第三十三课《察今》),尊敬老师,教学相长(第三十四课《师说》),严以律己、顾全大局的优良品德(第二十四课《廉颇蔺相如列传》)、清正廉洁,闻过则喜(第二十六课《邹忌讽齐王纳谏》、第二十七课《记王忠肃公翱事》),追求光明,追求进步,做有益于人民的人(第二十课《散文二篇:〈荷塘月色〉、〈绿〉》、第二十一课《灯》)等十余种思想教育的内容。其中有些可以联系现实,有些可以联系学生思想,有些可以搜集有关资料,诸如报刊时文、历史故事、影视镜头等,以便扩充渗透。其次,在每篇课文的起始课教学中向学生交代学习目的、重点时,有意识地自然地渗透思想教育。如第一课《善于建设一个新世界》的教学目的:(1)明确社会主义建设需要什么样的人才,联系某些同学所谓"虚伪是成功的必要条件""老实人吃亏"的看法,通过辩论得出正确的结论;(2)学习本文比喻论证、对比论证的写法;(3)摘录成语(至少10个),丰富词汇。第三,选择最佳时机,运用多种方式渗透思想教育。在介绍作者时渗透,如《灯》的作者巴金,介绍其从青少年时期起便勇于反对封建束缚,追求光明追求进步,而今已是耄耋之年,仍不辍笔耕,为社会做出贡献;为筹措中国现代文学史馆,捐献出自己全部的藏书;不久前亲自书写长信勉励少年儿童听党的话,坚信社会主义必胜,好好学习,积极进取。又如《散文二篇》的作者朱自清,青年时期曾与叶圣陶、丰子恺等进步人士一起倡导新文化,追求民主自由,反对内外反动势力,解放前夕积极参加反帝战争,表示"宁可饿死,决不领美国救济粮",被毛泽东同志誉为有骨气的有"民族英雄气概"的民主斗士。在分析课文时穿插介绍有关资料,渗透思想教育。如在分析《拿来主义》和《如何用彻底的唯物主义精神对待党的领导》两篇课文时,自然联系现实,穿插介绍报刊上登载过的批判资产阶级自由化思潮等,引导学生明确在改革开放年代,对于外来的东西,要善于像鲁迅在《拿来主义》中所阐述的原则那样,对一切有益的东西吸收过来使用,对有益也有害的东西存良弃劣,对完全有害的东西批判毁灭,教育学生坚信我们党一定能够战胜不正之风,领导全国人民取得社会主义、共产主义的彻底胜利。利用电教手段,通过电视录像,对学生渗透思想教育。如讲《雨中登泰山》《长江三峡》《石钟山记》《廉颇蔺相如列传》等课文时,穿插放映录像剪辑,既加深了对课文内容的理解,又形象地对学生进行了热爱祖国壮丽河山、不畏艰难攀登险峰、实事求是深入实际调查研究、以国家大局为重、精诚团结不计个人恩怨等思想、精神、作风、品德教育。在总结讨论课中联系学生思想渗透教育。如在《善于建设一个新世界》的总结课时，针对班内某同学在一篇课外练笔中所写的《说虚伪》中所云"为了生活，人们都在作假……谦虚本身就蒙上了一层虚伪的黑纱……虚伪是人们进取的一种手段……"等错误观念，组织一堂辩论课，让学生畅所欲言，各抒己见。开始，出乎我的意料，同意该同学观点的人竟然几乎占半，什么"为了进取，在一定限度内的虚伪无可非议"，什么"老实人总是吃亏，会说谎话投机取巧的人总是沾光"等等，对此，我没有越俎代庖，立即表态，而是引导持相反观点的同学摆充分的事例、说服人的道理，证明唯有老老实实、谦虚谨慎、刻苦学习、具有真才实学的人，才能真正得到人生的价值，赢得人们的尊敬，古今中外，概莫例外。那些虚伪圆滑、无真才实学、专搞投机钻营、说假话办缺德事的人，可能会得逞于一时一地，但迟早会受到历史的惩罚，遭到人们的唾弃，被钉在历史的耻辱柱上。经过辩论，终于统一了思想认识，就连《说虚伪》的作者也口服心服地放弃了自己错误的观念，结论还是课文的中心论点：做真心实意、脚踏实地的实干家，树立勤奋学习、虚怀若谷、老老实实的好作风。课后，我让同学们在辩论的基础上挥笔作文，《一次有益的争论》《说虚伪》《谦虚和虚伪》《世界没有披黑纱》《概念，不可随意曲解》一组五篇文章被北京师院《中学生文苑》录用，以《争鸣篇》专栏刊登。

二、在写作教学中渗透德育。经验证明，在写作教学中更便于对学生渗透思想政治教育。只要对德育教育有高度的责任感，只要自觉地做思想品德教育的有心人，就完全可以做到使每一次写作训练都能让学生受到一次思想教育。首先，在命题和指导写作环节渗透教育。命题既要结合学过的课文，又要结合现实社会中的正反现象，还要结合学生的思想实际，如报载李玉安、杨凤明两位在战争年代屡立战功、负伤退伍隐居家乡数十年从不向政府索要丝毫补助，多次谢绝做官任命；又载河北邯郸的武秀田和云南丘北县的朱家平因大搞不正之风被开除党籍、撤销职务、逮捕法办，让学生结合《谁是最可爱的人》《有的人》《善于建设一个新世界》《如何用彻底的唯物主义精神对待党的领导》等课文，用正反对比、摆事实讲道理等论证方法自由拟题，写一篇议论文。又如结合应用文"新闻"

的写作教学,在班内组织一次"郑州市竞选市长扩大记者招待会",愿做市长者登台发表施政演说,台下同学都能以某报记者身份质疑提问;会后让同学们每人写作两篇文章,一篇是200字以内的新闻,须合乎新闻格式要求,一篇是以"假如我是郑州市长"为题的800字左右的文章,文体不限。此次训练提高了同学们关心政治、参与政治的意识。再如,针对高中学生中的早恋现象,以"青春的思索""爱情与友谊"等为题,让学生作文,辅之以正面的集体教育和个别谈话,引导同学们端正认识,把精力用于努力学习追求进步之上,在中学阶段男女同学之间不宜超出友谊的界限,终使同学们都迈好了青春的步伐。班内一对原本学习不错、一度因恋爱而影响了精神情绪,致使成绩下降的学生,很快摆脱了困惑,振作起精神,最后双双考入了重点大学。其次,在作文批改和讲评中渗透德育。看到同学作文中有闪耀着思想火花的佳言锦句,我都要圈画连环或写上褒奖简语;看到在思想认识和写作态度上有长足进步的同学,我都要在批语中热情鼓励。在每次作文评讲课上,除普遍肯定该次写作中正确的观点、健康积极的主题立意等优点,指出带有共性的认识和写作方法中的问题之外,对于文质兼美的文章我都要宣读表彰,并向报刊推荐。几年来,我教过的学生的文章被报刊录用发表的计有28篇,其中有三篇获得过一、二、三等奖。

三、在第二课堂活动中渗透德育。几年来,配合读写教学,我搞过多种形式的第二课堂活动,每次活动都注意思想教育领先,务要使学生在思想觉悟和读写能力两方面同时得到提高。其一,利用星期日或下午连堂课时间外出参观访问。如结合《中国石拱桥》的复习教学,组织同学参观郑州黄河大桥,行前让同学们从报纸上搜集有关大桥建设的资料;骑车到达花园口,在桥头上举行即兴赛诗会;返回后让同学们每人编写一张八开纸的手抄报,要求写出自己创作的诗一首,说明文、记叙文(或散文)短评各一篇,均以黄河大桥为素材,半月之后,50张内容充实、书写工整、图文并茂的手抄报在校园橱窗内展出。又如结合如何写调查报告的教学,组织同学们到下坡杨村参观访问,请村干部介绍该村由穷变富的历史,参观村暖气片车间,入户采访,返校后每人写作调查报告一份。同学们在活动中深深体会到党的领导正确,改革开放政策英明,社会主义制度优越。其二,在每节课前 3~5 分钟演讲活动中渗透德育。演讲材料或由学生自行搜集，或由教师提供，但有一条原则：所讲内容必须是扬清激浊，富有积极意义的。例如《妈妈的心，战士的情》："妈妈送儿上战场，心伴我儿飞南疆。甘洒热血在疆场，莫辱家门和故乡。——母亲、开封三十七中教师翟海燕。""横刀上马扫敌寇，为国为民争荣光。待到孩儿凯旋归，我为妈妈献上军功章。——儿子、老山前线侦察连班长吴凯歌。"又如一个女中学生问作家刘绍棠："你的作品中为什么总是歌颂正面事物为主？要知道现实生活中有许多阴暗面呀。"刘绍棠要过这个女学生的学生证问："你过去面部磕伤过吗？"生答："磕伤过，一只眼睛还蒙上过纱布呢。"刘道："你本人和学生证上的这张照片一样好看。我问你，为什么不在脸磕伤时照张相片贴到你学生证上？"生答："那哪行啊？那不能代表我的面貌本质啊！"刘莞尔一笑说："很好，你刚才问我的问题你已经解答了。"女学生恍然大悟："啊！谢谢刘伯伯！"其三，让学生参与电教活动，按座位轮流，每节课一人次，事先在投影胶片上写出一首文质兼优、短小精悍的诗词，电教课和语文课代表给其录音，上课前 3 分钟时间打出投影并播放录音。其四，每学期举行一两次好书（杂志）交流阅读活动，一次一节课。届时每个同学带来一本自己读过的好书或杂志互相交流阅读或交谈读书体会。

四、在电化教学中渗透德育。我从 1986 年起涉足电教，几年来的实践证明：由于"电化教学生动、形象，感染力强"，不仅"能引起学生对所学教材的兴趣和注意，为学生学好功课提供有利条件"，而且"能更好更快地形成学生正确的思想和道德观念"（引见华中师范学院等五院校合编《教育学》）。《长江三峡》《雨中登泰山》《荷花淀》等电视录像，既加深了学生对教材的理解，又培养了学生热爱祖国壮丽河山、不畏困难勇攀高峰的情感意志和革命英雄主义精神；由几个善画的学生绘制的"沙漠驼铃""高原归耕""延河夕照""石洞雨景""桃林小憩"和"北国晨号"六幅彩色投影，既有利于学生直观形象地理解课文《风景谈》的内容，又陶冶了学生高尚的审美情操；师生共同录制的《包身工》《察今》等配乐朗诵录音，使学生产生了强烈的情感共鸣，取得了十分理想的课堂效果。

本文作为学术论文于 1992 年 3 月在河南中语会第五次学术讨论会交流发表

长兄为父，姐弟榜样
——大哥印象

我父亲去世时，大哥才17岁，差一年在一所职教性质的农林中学毕业。为了一家人的生活，他只好辍学闯荡社会，拉架子车干苦力，卖水送煤，挑担做小生意，后到民政厅当上了勤杂工。大哥把每个月挣的钱都一个子儿不落地交给母亲，母亲紧巴安排一家七口人的日子。那时家里最好吃的东西就是杂面烙饼，平时主要都是靠糠麸子和野菜充饥填肚。因为消化不良，每天最难熬的时候是解大便。有天中午大哥有事突然回家，正好看到我和4岁的小弟弟俩人正趴在床沿哭喊道："哎呀妈妈呀，慢点轻点剜，疼啊！……"大哥流着眼泪忙从妈妈手中拿过小木棍把我和小弟肛门上带着血的大便团子剜出来，而后急忙从帘盖上拿出两张杂面烙饼卷上点黄豆芽给我们吃。我俩说："大哥，这是咱妈妈专给你做的，你吃好才好出去干活养活一家人生活呀……"过些日子，妈妈和大哥说先把二哥送到一家皮鞋店当学徒，而后借钱买点薄礼送给民政厅的副科长，把我姐姐、三哥、我和弟弟几个人陆续送进民政厅管辖下的河南省开封市救济院，好在每天能吃上三顿饭，还能读上小学，真是喜出望外。

开封解放不久，大哥大嫂便都找到了工作。大哥不光在经济上支撑着全家，而且注意言传身教，时常教诲弟妹们怎样立身做人，怎样对待学习和工作。在大哥的带领下，弟妹们都很用功，我们家墙壁上贴满了"三好学生""优秀少先队员""先进教师""优秀保育员"等奖状。

20世纪50年代后期和60年代初期，大哥和大嫂先后加入了党组织，姐姐、三哥和我同时期加入了团组织。大哥调入盲哑学校任教后，刻苦钻研业务，又红又专，从原来对盲文哑语一窍不通，到熟练掌握，升为教导主任，直至担任校长和党支部书记，成为省市特殊教育界颇有名气的人才。大嫂则由一个原本不识一

作者与母亲(右二)、大哥(左一)合影

字的文盲妇女每日起早睡晚地艰苦学习,终于锻炼成为一个合格的幼儿园教师,后被提拔为开封名望最高的新街口幼儿园副主任。

大哥不仅本职工作出色,而且学识广博,多才多艺,在许多方面都是我们学习的榜样。大哥的书法特好,像做人一样,字端笔正,行楷清秀,美观大方,堪称一绝。大哥任教过的几所学校的校旗名徽都出自他的手笔。我们弟兄都深受他的影响,仿学他的字体,并自豪地宣称:楷书文字四大家(颜真卿、柳公权、欧阳询、赵孟頫),我们最爱自家大哥体。大哥还是运动场上的好手,短跑名将。受其影响,我们弟兄们也都爱好体育,二哥是足球队成员,我和小弟都擅长短跑和篮球。大哥还自学拉二胡、吹口琴、弹风琴、唱戏曲,是单位联欢会上的活跃分子。受其传染,童年时期在救济院上小学的我姐姐是院京剧团的主角,三哥也是该团成员;我则是院曲剧团的主角,还是院军乐队的小鼓手;小弟是杂技表演者。那时凡是节假日院里举行联欢晚会时,也正是我们姐弟几个大显身手的时候。

大哥大嫂从解放后参加工作第一天起,从来是全力以赴,不辞辛劳。1984年8月的一天,大嫂在大哥陪伴下从幼儿园主任家谈完事回家,突然从自行车上摔了下来,倒在地上不省人事。大哥在路上热心群众帮助下赶紧把大嫂拉到附近的淮河医院,连续抢救数日无效,大嫂溘然长逝,终年55岁。出殡那天,幼儿园职工和儿童家长们自发地立在幼儿园门前路两旁眼含热泪,送大嫂最后一程。

八年之后,1992年,我大哥也因病去世,享年68岁。

2020年8月

心灵手巧，自学成才
——二哥印象

爸爸去世时，我二哥才11岁，小学还没毕业就辍了学。有年初冬一天下午，我和小弟在相国寺讨饭后回家，在马路口屋檐下看见二哥穿着破烂衣裳，揣着两手，又冷又饿的样子，我说："二哥给你，小铁桶里是我刚讨到的羊肉汤，你喝了吧。"5岁的小弟弟也赶紧从小布口袋里拿出一块讨来的锅盔给了二哥，见二哥狼吞虎咽又喝又吃的样子，我和弟弟都高兴地拍着小手笑了起来。

后来妈和大哥把我二哥送到一家皮鞋店当学徒，心想既混口饭吃，又能学门手艺。没想到可恨的黑心老板夫妇把我二哥当个童工使唤，每天干各种与修鞋无关的杂活，还得给老板的小孩儿端屎倒尿，伺候他们一家人生活，稍不如意，就又打又骂，吓得我二哥在屋子里满处躲。幸好店内的两个师兄对我二哥不错，关照爱护，在老板夫妇不在店内时还教给他一些修补鞋的技术。

受不了老板家的气，二哥干了一年多便离开鞋店回到家。到旧货市场买了一套修补鞋的二手工具，自制了一个木箱子，每天早晨吃罢饭，二哥便挎上小木箱，到街头巷尾摆上修鞋摊，晚上一到家便将一天挣到的钱悉数交给母亲。解放前夕，二哥还曾返回我们老家汜水东河南村务了一段农活。

解放后二哥在一个会计培训班学了数日，分配到开封市龙亭区财政科任职员。由于他工作卖劲爱钻研，领导交给的各项任务总能出色完成，不几年后便被提升为财政科科长。为了给区里所管企业单位培养更多的财会人才，我二哥在组织安排下利用业余时间办了个会计短训班。他到图书馆借阅了不少财务书刊，结合区辖单位的实际需要，自编简易教材油印出来供学员学习。短短数月办班十余期，为区里培养出了数百名基本合格的财会人员。

改革开放初期，为自筹资金发展全区经济，龙亭区成立了一个信用合作社，

作者与二哥

以方便个人和小型企业存贷业务。我二哥当年被组织上任命为开封市龙亭区信用合作社的首位主任委员。他挑选带领一帮青年人勤奋苦干,很快便使信用社火起来了。有天一个中年顾客背着一个编织袋,来到信用社柜台前,袋子一撂,嚷道:"存钱!"

服务人员问:"你这袋子里一共多少钱?""没数,我也不知道。"

服务员低头划拉几下傻了眼,妈呀,袋子里全是1分、2分、5分的小硬币,赶紧招呼主任。

二哥一看这阵势,笑了笑说声:"这好办!小刘、小张你们俩过来,咱仨现在开始一个一个地数。"同时对这位不修边幅胡子拉碴的中年汉子客气礼貌地说:"您先坐下喝口水等着,我们数完后告诉你总数。"

三个人一起连续数了近3个小时,终于数完,总共是48527分。

这时那位顾客不好意思地讲了实话:听说你们龙亭信用社服务态度很好,今天一试,果然名不虚传,佩服!中年汉子拱手作揖连说几个佩服佩服,接过服务员开给他的存款单据心满意足地离开了信用社。据说这件事经开封报社记者采访报道后，一时传遍全城，家喻户晓，誉称为汴京美谈。

从1986年受命上任信用社主任至其年届六旬退休时止，仅用四年时间，龙亭区信用社凭着借入的10万元作为铺底基金，发展到各项存款5000余万元，累计发放各项贷款数亿元，极大地支持了区内外企业和个体工商户在资金周转方面的良性运转。退休前一年，二哥光荣地加入了中国共产党。

1990年，二哥退休。正赶上当年区里在北郊区一片空旷的荒地上盖了几套农家小院似的平房，二哥幸运地分到了一套，全家人高高兴兴地搬到了郊区居住。从小在外打拼闯荡艰难度日的二哥，练就了一身手艺，什么炒菜做饭、电工水暖、木器家具、修鞋换锁等日常活计，他从不花钱雇人，都是自己亲自动手维修制作。分到这套房子后，二哥在房顶搭了个鸽楼，养了三十余只鸽子；庭院花圃边打了一眼压水井；北角落铁丝笼里养了几只小白兔；南角落圈养了几只鸡；院子里拴着一只犬，屋子里养只猫；庭院上空搭扎了一个葡萄藤架，院墙上爬满了丝瓜和扁豆角，俨然一座生机盎然的农家乐园。为了平时进城购物买菜方便，二哥竟然将一辆破旧的自行车改造成了三轮车，还曾经带着孙女蹬着这辆三轮车从开封至洛阳往返旅游呢！

好一个心灵手巧、自学成才的二哥呀！

2003年，二哥病逝，享年73岁。

2020年8月

诗词篇

观菊展

千姿百态翠摇风,各路菊仙荟紫荆。

绿水碧波迷淡月,红袍佛手滚金龙。

牡丹合掌思陶令,凤凰振羽唱陆翁。

巧布星罗妆世界,游人交口赞花工。

附注:1981年10月吟于郑州紫荆山公园。

发表于《习作》1981年第13期

《义不容情》人物谱

丁有健

待人处世凭真诚,
敬老爱小重友情。
不媚权贵不惧邪,
一身正气好后生。

倪楚君

自尊自强洁无瑕,
不讲门第不自夸。
好事多磨终遂愿,
有情终结并蒂花。

云　姨

含辛茹苦度人生,
但求儿女有前程。
祸起萧墙实可怜,
感叹人间太不公。

丁有康

自私虚伪蛇蝎心,
坑杀拐骗灭人伦。
生也并非真快活,
千夫痛斥不义人。

发表于 1992 年 1 月 15 日《河南广播电视报》

外孙满月宴

电传祉洲鸣，
飞轮奔管城。
醉饮亚细亚，
文人爱张弓。

1998 年 11 月

文林、长春婚宴赋诗两首

给新婚儿女
双木成林喜迎春，
花艳香浓暖人心。
举案齐眉百年好，
爱岗敬业孝双亲。

给领导亲朋
高朋满座如祥云，
欢聚中州贺新人。
拜谢诸位盛情义，
开怀畅饮金谷春。

2000 年 11 月

姐姐七十大寿席上赋诗

人生七十古来稀,家姊大寿合家喜。

虎刚羊柔四十载,儿女称雄新世纪。

姐姐许愿过百岁,三十年后再相聚。

附注:姐夫属虎,姐姐属羊。

2001 年 11 月

姐弟乐融融(右二为作者姐姐)

七律·孙女婧瑶出生赋

重阳佳节拾千金,掌上明珠第一孙。
白肤修腿大手丫,粉面长臂小口唇。
吮吸丰乳扑饿虎,感觉扎针叫破云。
五官四肢全端丽,翘楚女婴爱煞人。

2004 年 10 月

砥柱歌
——纪念建党 70 周年

七十年前风雨夜,先驱荟萃南湖船。一纸宣言震寰宇,中流砥柱耸云天。
挥师北伐挟风雷,起义南昌显军威。湘江暴动涤污垢,井冈会师树丰碑。
阳光普照瑞金城,星火燎原闽赣红。前赴后继反围剿,突破重围走长征。
遵义城头立航标,金沙江畔战惊涛。翻山越岭逾草地,夺隘斩关飞铁桥。
红旗飘扬宝塔山,银锄翻落南泥湾。东渡黄河驱日寇,出师大捷平型关。
征战辽沈滚烟尘,弄潮长淮浴枪林。轻取平津施韬略,直捣南京扫残云。
十里长街飘彩虹,天安门前阅三戎。载歌载舞庆翻身,火树银花不夜城。
抗美援朝捷报飞,土改镇反响惊雷。三大改造谱新曲,四化蓝图映朝晖。
探险未免遇迷雾,攀山岂能尽坦途。跌倒爬起再跃登,不到巅峰不止步。
四项原则立根本,改革开放花似锦。根深叶茂结硕果,且看神州日日新。
弹指一挥七十年,地覆天翻换人间。任重道远莫停歇,高擎党旗永向前!

1991 年 7 月 1 日建党节

党颂六首
——纪念建党 90 周年

一

嘉兴湖畔响惊雷,风展红旗擎镰锤。
国共合作赶军阀,北伐联手斩魑魅。
上海冷箭弑精英,南昌烈火烧恶鬼。
农运风暴起潇湘,会师井冈筑壁垒。

二

工农坐镇瑞金府,红军四度破围堵。
翻山越岭甩追痞,渡河涉江跨征途。
遵义城头树大纛,延安塔顶响鼙鼓。
张杨合力扣蒋顽,西安事变拨云雾。

三

卢沟桥岸击倭寇,平型关前毙日丑。
太行山上飞神兵,铁路线中伏貔貅。
台儿庄打溃东洋,微山湖戏弄敌酋。
天皇军一败涂地,灰溜溜滚出神州。

四

百万雄师过大江,蒋家王朝顷刻亡。
亿民欢呼新中国,万朋称颂共产党。

百废待兴战天地，千军援朝驱虎狼。
披荆探求富强路，跌宕起伏奔前方。

五

改革开放卅余年，巍巍中华比美肩。
蘑云腾宇氢弹啸，飞船遨空红旗展。
鸟巢屹立北京城，世博笑迎黄浦边。
综合国力节节升，东方巨龙喜开颜。

六

中共华诞九十年，四代核心英名传。
泽东思想奠根基，小平理论矗云端。
泽民运筹"三代表"，锦涛谋划科学观。
放喉高歌进小康，举目展望新乐园。

2011年7月1日建党节

九寨沟

人间仙境九寨沟,大开眼界不胜收。
满山花树披彩衣,遍地池海幻蜃楼。
白练飞泻珍珠滩,银雪飘扬青崖头。
赛过天堂比龙宫,来年再游阿坝州。

2002 年 10 月 22 日

游黄龙

人间瑶池看黄龙,宇宙奇观童话宫。
流光溢彩千塘水,绚丽迷人万株松。
金沙铺地潋滟湖,白雪裹身玉翠峰。
飞瀑流辉登莲台,禹王庙顶叹苍生。

2002 年 10 月 23 日

杜甫草堂

社会百态尽包容,
意境深奇词丽工。
几间草屋落溪畔,
世代骚客谒诗圣。

2002 年 10 月 20 日

武侯祠

智高功勋著,
三世殉汉家。
两表见赤心,
一扇安蜀华。

附注:诸葛亮去世后,其子诸葛瞻、孙诸葛尚同时在保卫成都的战斗中壮烈牺牲。

2002 年 10 月 25 日

乐山大佛

仰天长卧凌云僧,大佛端坐镇三江。

沫若观景灵宝塔,东坡读书叠翠堂。

天王殿内烟火盛,乌龙寺外亭轩爽。

鬼斧神工秀青山,海通法师美名扬。

附注:三江,指岷江、大渡河和青衣江。

2002 年 10 月 27 日

游览乐山大佛

峨眉山

天下雄秀数峨眉,
气象万千满山翠。
瑰丽日出映金顶,
奇彩佛光照崖堆。

2002 年 10 月 28 日

都江堰

久仰李冰父子名，
都江堰流扮青城。
鱼嘴喷吐岷江水，
润泽天府济民生。

2002 年 10 月 29 日

七律·国庆六十周年

巨人攀岳甲子年,迂回曲折跃峰巅。
泽东率众打根基,小平领军奔云端。
神州大地滚热浪,苍宇太空走飞船。
雄师阅阵长安道,焰腾民欢不夜天。

2009 年 10 月

捣练子·鬼谷子

鬼谷子，
云梦山，
中华第一军校园。
苏张纵横闹战国，
震古耀今十四篇。

附注：战国时期卫国淇县人王禅，号鬼谷，在云梦山创建首座军校。孙膑、庞涓、张仪、苏秦均系其门生。著有《鬼谷子》十四篇，涵盖军事、政治、哲学、思想、伦理、养生等内容。

2014 年 5 月 15 日

捣练子·古灵山

娲皇殿,
古灵山,
五彩炼石补苍天。
忠肝义胆比干心,
三皇九祖掌坤乾。

附注:三皇,指天皇伏羲青帝,地皇神农炎帝,人皇轩辕黄帝;九祖,除三皇外,再加盘古老祖和少昊、颛顼、帝喾、尧帝、舜帝。

2014 年 5 月 16 日

南歌子·黑龙滩水库

引水都江堰，
开山黑龙滩。
万千铁臂舞钢钎，
玉液飞洒原野，
众民欢。

附注：2017年7月30日，我和三哥一家同往四川仁寿县黑龙滩水库观赏。该水库是时任高级水利工程师的三哥于1970—1975年主持设计的大型水利工程。这首词是和三哥共同填写的。

2017年7月30日

喜春来·贺苏兰芳获奖

梨园舞台颁特奖,
嵩岳山区苏兰芳。
大屏幕豆蔻英姿誉汴梁。
桃口张,
绕梁清音彩全堂。

附注:2014年4月27日,河南电视台《梨园春》栏目为苏兰芳颁发"中华豫剧特别奖"。

2014年4月27日

卖花声·怀念河南戏剧大师常香玉、张新芳、申凤梅

舒展奔放香玉号,

韵厚豪爽新芳调,

深沉苍劲凤梅啸。

花白洪拷,

陈荆鹰嫂,

收姜维、诸葛吊孝。

附注:常香玉代表剧目主要有《花木兰》《白蛇传》《穆桂英破洪州》《拷红》,张新芳代表剧目主要有《陈三两》《荆钗记》《山鹰》《红嫂》,申凤梅代表剧目主要有《收姜维》《诸葛亮吊孝》《明镜记》等。

2014 年 6 月 4 日

雅典奥运诗抄（四首）

女网双打

婷婷玉立长江畔，
甜甜畅饮黄河边。
过关斩将扫欧美，
女网登顶爱琴滩。

附注：李婷，湖北武汉人；孙甜甜，河南郑州人。

跨栏和万米

刘翔跨栏冲冲冲，
由始至终排头名。
慧娜夺魁万米跑，
短道长径飞黄龙。

女排夺冠

女排鏖战惊心魄，
欲擒先纵斗娇俄。
连下三局反败胜，
再登奥顶奏凯歌。

坐二望一

中华健儿威名扬,

三十二牌闪金光。

暂居雅典次席位,

笑望北京冠军榜。

2004年8月13—30日

贺李娜法网夺冠

巾帼健儿数李娜,

法网夺冠世人夸。

中国亚洲第一人,

冲破欧美称女霸。

2011 年 6 月 4 日

添字采桑子·贺海峡组合彭帅、谢淑薇法网女双夺冠

阳光普照红土场,

巾帼辉煌。

巾帼辉煌,

海峡组合,

夺冠法女双。

登顶一易十二难,①

斗志昂扬。

斗志昂扬,

友谊长存,②

五满尽收囊。③

2014 年 6 月 10 日

---

① 彭帅、谢淑薇组合自 2008 年至今 12 次闯进女双决赛,12 次夺冠。
② 在法网颁奖仪式上,彭帅称"祝愿海峡两岸友谊长存"。
③ 海峡组合已捧温网、法网和总决赛桂冠,伊誓言再接再厉,争夺美网、澳网冠军,囊括五大联赛。

满庭芳·贺中国女排荣获 2015 世界杯冠军

　　征战扶桑,女排联赛,再现昔日辉煌。胜十输一,名登冠军榜。逆转塞尔维亚,赢韩国、击败东洋;遭劲旅,激战俄女,五星红旗扬。

　　主攻真神勇,铁榔扣球,掷地咣当。看灵巧二传,激活全场。副攻接应出彩,自由人鱼跃闪光。网前立,短平快扣,两堵大高墙。

　　附注:此场比赛出战的主要队员有朱婷、张常宁、魏秋月、丁霞、曾春蕾、袁心玥、颜妮、林莉等。

2015 年 9 月 6 日

满江红·甲午战争 120 周年祭

甲午国殇,
北洋军黄海溃败。
签辱约,
割地赔财,
百姓鸣哀。
卧薪尝胆赶虎豹,
披荆斩棘驱雾霾。
看东方睡狮仰颈吼,
天下白。

挺起身,
阔步开;
加速奔,
匀速迈。
望中华复兴,
不远未来。
前事不忘安思危,
后事之师明鉴台。
乘长风破万里恶浪,
扬帆排。

2014 年 7 月

清平乐·喜相逢

红桥吐絮，

学子齐欢聚。

仰首会神情焦盼，

突见老师笑苡。

津南貌换新颜，

高楼大厦连天。

当年少童已迈，

交谈心志犹坚。

附注：2014年3月26日于天津南郊全虹桥头与辛庄中学1960年首届毕业生会面。

2014 年 3 月 26 日

与 1960 届部分学生合影（前排右二为作者）

蝶恋花·爱妻桂兰五七祭

桂兰花谢香如故，

迁居天国肆柒地生路。

牛马驮运日用物，

舰机装载金银库。

儿女泪洒唤慈母，

夫君语噎呼妻吾想汝。

终有一日再相会，

银河岸边同漫步。

附注：肆柒地生：余与桂兰各自兄弟姐妹的大排行均为"老七"，小排行均为"老四"；桂兰的别名叫"地生"。

2014 年 4 月 17 日

与爱妻桂兰在长江三峡

东北抗联英雄谱（四首）

杨靖宇

南满抗日总指挥，
左右开弓双枪飞。
只身诱敌六昼夜，
树皮草棉充肠胃。

赵尚志

北满抗日总司令，
神出鬼没兴安岭。
赤胆忠心不顾冤，
血染沙场留威名。

赵一曼

红衣白马神枪手，
穿山越岭战倭寇。
受尽酷刑志不移，
从容就义放歌喉。

八女投江

牡丹江畔夜宿营，
凌晨突遭敌围攻。
子弹打光拒诱降，
挽臂走进河流中。

附注：英勇投江八女为冷云、胡秀芝、王惠民、黄桂清、杨贵珍、李凤善、安顺福、郭桂琴。

2015 年 8 月 11 日

满江红·纪念中国人民抗日战争暨世界反法西斯战争胜利70周年

九一八夜,
北大营被日侵占。
鬼子嚎,
张牙舞爪,
欲吞全满。
北赵染红松江水,
南杨披雪长白山。①
喜峰口长城保卫战,
飞刀片。②

卢沟桥,
起狼烟,
御外侮,
共赴难。
预抗战历程,
三个阶段。③
拼杀顽敌台儿庄,
痛击倭寇平型关。

---

① 北赵,指赵尚志、赵一曼等;南杨,指杨靖宇等人。
② 1933年3月宋哲元、赵登禹率领国民革命军第二十九军于长城喜峰口以大刀斫杀日寇700余人。《大刀进行曲》,又名《大刀向鬼子们的头上砍去》,是作曲家麦新1937年7月在上海创作的一首抗日救亡歌曲,为歌颂当时在长城附近用刀杀日军的第二十九军"大刀队"而作。
③ 《论持久战》中称抗战三阶段战略防御、战略相持、战略反攻。

中苏美结盟战德日，
庆胜典。

2015 年 9 月 1 日

即兴诗三首

同学欢聚

2016年11月5日,张兆金、韩玉香、康艳艳、魏玉琴、陈淑华五位同学自天津来郑州看望我并游中原,当晚在蔡记蒸饺百年老店为之接风。

五朵金花自津来,长乐天伦笑开怀。
蔡记蒸饺饱口福,期盼同学接踵来。

汴京纪游

中原旅游第二天,包公祠堂为首站。
一楼品尝灌汤包,驱车来到上河园。
喜看招亲抛绣球,艳香扑面菊花展。
忽闻校场炮声响,人山人海观表演。
岳飞枪挑小梁王,马吼箭鸣刀光闪。
流连忘返真美景,感谢画师张择端。
学子做东宴老师,晚吃萧记三鲜面。

谢天公

昨日预报阴转雨,实际只阴而未泣。
愉愉快快游汴京,指指点点赏艳菊。
今日小雨变中雨,正好休闲享雨趣。
下午雨霁离郑州,感谢天公好仁义。

2016年11月

读秋香《随感细语》有感

多才多艺王秋香,理文体音全在行。
执教理化献青春,挥洒诗文度夕阳。
节日粉墨歌舞台,经年跑跳篮球场。
老骥伏枥志千里,笑逾百岁享安康。

2015 年 4 月 27 日

水调歌头·读秋香新作《心弦之音》

才读"感细语",又听"心弦音"。多少所见所闻,酿成好诗文。礼赞伟大祖国,怒斥安倍兽心。讴歌星草根,念空难同胞,问山川白云。

孝父母,疼儿孙,爱同仁。情满人间,砖缝野花笑吐馨。跨七五年轮,尝尽世上艰辛,迎来好时辰。再活一甲子,名冠上寿群。

2015 年 6 月 28 日

江城子·祝贺神舟十一号和天宫二号载人飞行任务圆满成功

　　航天员景海鹏、陈冬于 2016 年 10 月 17 日至 11 月 18 日乘神舟十一号飞船往返太空，圆满完成了预定科技实验任务，为我国建立长久空间站、载人登月和探测火星打下了良好基础。

　　　　　　　　火箭推舟离酒泉，
　　　　　　　　穿云霄，
　　　　　　　　进轨圈。
　　　　　　　　晤面天宫，
　　　　　　　　吻接精准严。
　　　　　　　　筹划未来空间站，
　　　　　　　　登月球，
　　　　　　　　火星勘。

　　　　　　　　离别苍穹返人间，
　　　　　　　　掐指算，
　　　　　　　　卅三天。
　　　　　　　　伞花盛开，
　　　　　　　　英雄笑凯旋。
　　　　　　　　圆满完成诸实验，
　　　　　　　　稳着陆，
　　　　　　　　大草原。

　　　　　　　　　　　　2016 年 11 月 18 日午夜

七律·赞学玉琴活动

玉琴精力真不凡,美好品德传人间。
医院护理八整日,妹家操劳卅余天。
勉励亲属敬岗业,感激同窗赋诗篇。
群友聚喷正能量,放喉高歌价值观。

附注:2016年11月,魏玉琴妹妹住院手术,玉琴让妹夫、外甥及甥媳不要因此而耽误工作,亲到医院护理8天,而后又在妹家操劳家务一个月,精神可嘉。12月17日至30日,二班同学群开展学玉琴精神活动,善良勤劳、爱心奉献、助人为乐的传统美德和文明和谐、爱国敬业、诚信友善等当代价值观得以弘扬。

2016年12月31日

赞六盘江大桥

云贵交界出彩虹,
疑是银河落谷顶。
六盘江边定睛望,
高桥横架两山峰!

2017 年 1 月

十六字令·桥(两首)

一

桥,

跨海长龙跃浪涛,

回眸瞰,

百里一线抛!①

二

桥,

云贵峡巅彩带飘,

抬望眼,

埃塔两摞高!②

2017 年 1 月

---

① 港珠澳跨海大桥总长 55 公里,号称世界第一长桥。
② 六盘江大桥桥面与谷底江面垂直高度 565 米,号称世界第一高桥,相当于两座巴黎埃菲尔铁塔相加的高度。

十六字令三首·天津美

天,
海河码头波浪翻。
义军冲,
保卫国都安!

津,
美味佳肴天下闻。
快朵颐,
小吃醉人心!

美,
塔桥高楼映日辉。
明月下,
五彩夜光杯。

2017 年 3 月

在天津博物馆观史

清平乐·咏北京夜景
——点赞康艳艳视频《一带一路时间下的北京夜景》

辉煌灿烂,

夜逛京都苑。

十里长街彩龙翩,

城楼花海剧院。

鸟巢网连星川,

水立方映月圆。

丝路金桥湖畔,

国际高峰论坛!

2017 年 5 月 15 日

鹧鸪天·题白鸥《郑州夜景》

左挂冰壶右展图，
商鼎座立飘香炉。
银字明灭扮紫山，
金水流淌歌殷都。

马路边，
梧桐树，
吹拉弹唱亮音符。
烤鸭总店映倒影，
百货大楼闪明珠。

附注：上阕首句暗引王昌龄诗"洛阳亲友如相问,一片冰心在玉壶"，借指洛阳；"图"字暗引张择端《清明上河图》，借指开封，洛阳、开封分列郑州西部（左）和东部（右）；二、四句中"商鼎""殷都"均指郑州。

2017 年 6 月 12 日

沪昆高铁咏
——点评韩松帖频《沪昆高铁今日正式运行》

朝食生煎包,夕品鲜花饼。

峡谷鸣瀑布,桥湖穿仙境。

飞游五江水,跨越六省城。

两千二百里,沪昆一日通。

2017 年 6 月 12 日

如梦令·题白鸥《亮丽开封》

白烟碧空铁塔,
御河夜景流霞。
古都添新装,
星光天地商厦。
商厦,
商厦,
大宋东京梦华。

2017 年 7 月 18 日

咏黄鹤楼
——点评文林照片

楚天极目黄鹤楼，
高耸入云冠九州。
滚滚长江流洋海，
滔滔历史写春秋。

2017 年 7 月 24 日

阅兵朱日和
——点评韩松转帖视频

内蒙心脏朱日和,
历史悠久故事多。
元清征战出发地,
中华强军守山河。

2017 年 7 月 31 日

夜闯秦岭（两首）

一

夜闯秦岭终南山，
提心吊胆好惊险。
文林车技真过硬，
全家吃下定心丸。

二

广货街站突起雾，
灯照三米能见度。
偏偏又下大暴雨，
路柱倒影石壁凸。
战战兢兢慢速行，
十点半整进西都。

2017 年 8 月 7 日

剑门关

中午抵达剑门关,
观赏诸葛众神颜。
悬崖峭壁如梳立,
蜀道难于上青天。

2017 年 8 月 6 日

退休铭

点评韩松转帖,读《陋室铭》及仿刘之《陋妻铭》《微信铭》《交友铭》《老人铭》后,亦仿一首:

年届花甲,无财无名。年逾古稀,亦健亦灵。跨进耄耋,依然欢欣。一声和(hú)呐喊,双车错无声。耸杆哾哾响,挥拍乒乓乓。随意练书法,绘丹青。国内山川游,域外风光行。写写回忆录,亮亮戏曲功。玩微信,其乐无穷!

2017 年 8 月 18 日

十六字令（两首）
——点评韩松帖频《人民日报 1946—2003 资料库》

一

报，

五十七年报来到！

喜翻看，

字字赛珍宝！

二

报，

山珍海味美佳肴！

细品尝，

拍案叫绝好！

2017 年 12 月 10 日

浣溪沙·题东北雪乡
——点评陈淑华视频《中国东北雪乡》

大地茫茫裹白绒,

村街里巷挂红灯,

男女老少喜盈盈。

地冻天寒人不冷,

欢歌笑语赛场行,

泳装靓女滑雪猛。

2017 年 12 月 10 日

鹧鸪天·咏赞施一公

好个英才施一公，
胸怀大志弃钱名。
毅然回国埋头干，
誓为中华科技兴。

辞院长，
望雷峰，
西湖大学闪光明。
同仁志士齐谋划，
世界顶尖精英城！

2018 年 1 月 14 日

清平乐·题女儿家照

戌年春晓,
喜见琦家照。
女婿张奔不显老,
犹如外孙兄胞。

洲萱能力高超,
无需父母操劳。
一家打拼纽约,
学成本领回巢。

2018 年 2 月 16 日

春宵曲·咏孙女表演
——点评孙女梓灵过年包饺子打面仗

父女挨肩笑,
爷孙鼓掌和,
扬脖嘶喊新年乐。
手脸浑身面粉,
舞婆娑。

2018 年 2 月 16 日

亲人咏

北京（题姐弟甥侄合影）

　　在京亲人庆新春，

　　四世同堂十余人。

　　耄耋姐弟好心态，

　　知命甥侄真精神。

成都（题兄嫂家照）

　　兄嫂一家自驾游，

　　古镇大邑和崇州。

　　蓉城温泉水质好，

　　蜀都饭店美食优。

三亚（题复兴兄妹阖家照）

　　复兴兄妹聚三亚，

　　戌年元春游海疆。

　　刘氏三杰皆良医，

　　护国利民个个强。

2018 年 2 月 17 日

忆江南·观 2 月 18 日央视《经典咏流传》有感

深山里，
一伙念书娃。
每日随师学宝典，
终究越众成名家。
可爱苔藓花！

2018 年 2 月 20 日

捣练子·夸牡丹

披绿裙,
戴红花,
玉立婷婷美艳娃。
馥郁扑鼻闻不够,
天香国色万人夸!

2018 年 2 月 21 日

咏牡丹

雍容华贵冠百花，
国色天香第一葩。
当年孤居皇宫苑，
而今普及百姓家。

2018 年 2 月 21 日

第二故乡行
——点评刘振新转帖频《辛庄镇一村一拍》

　　1957—1980年,我在天津南郊辛庄中学任教。辛庄镇是我的第二故乡。观赏此帖照片,倍感亲切。忆起当年故事,感慨万端。欣逢辛庄镇新近举办最美村庄网选活动,喜庆之际,吟诗一首:

离别师院马场道,前往码头解放桥。汽笛声响船开动,海河两岸风光好。
船至邢庄下摆渡,步行高庄到学校。辛庄中学未竣工,暂居高庄戴帽班。
翌年暑期迁新址,辛中校牌挂路边。出任二班班主任,至今感到很幸运。
运动会上出大名,技压全校获冠军。男百第一王汝和,女百冠军魏玉琴。
跳高桂冠张世静,女栏头名张兆金。男女铅球皆金牌,女男接力全冠军。
男子四百接力赛,堪称经典真精彩。末棒交接在最后,汝和接棒大步迈。
全班唱彩喊加油,越三超二一被甩。二班最终夺第一,全班同学乐开怀。
高考恢复踏正道,辛中连年参高考。高考成绩还不错,二类校中称佼佼。
八〇十月人调动,奉孝母亲回河南。二〇一四来津南,津南旧貌换新颜。
一六十月接电话,恩霞建民先后谈。电脑观看聚餐会,师生相祝喜开颜。
更喜前年国庆节,五朵金花到中原。代表全班看老师,高高兴兴游郑汴。
邀师入群学微信,师做学生老童顽。学玩微信一年余,长乐收获实可观。
二班微群刮三风,风风伴随好活动。首先刮起诗歌风,赞美玉琴仁义行。
鸡年春节书法风,楷行草书亮荧屏。去年九月摄影风,挥指拍遍蓟州城。
辛庄镇辖廿一村,村村可爱庄庄美。大村高庄白塘口,上郭上王张家嘴。
建明清河工业园,继泰新桥柴家圈。邢庄唐庄张满庄,上下小汀生产圈。
前中后柴辛庄村,我意并列都夺金。

附注:

4月3日韩松回诗:

>二十三年如云烟,妙笔赋诗忆当年。
>
>呕心沥血育桃李,笔耕不辍意志坚。
>
>言传身教恩情重,天津郑州思相连。
>
>可喜吾师文思涌,微信乐叙师生缘。

4月4日七律·答谢:

拙作七言长诗《第二故乡行》发群,收到韩松、郭元华、孙中元等众多同学好评,今以韩松昨日赋诗原韵和上一首七律,以表答谢:

>人生往事如云烟,退休闲暇忆当年。
>
>数夸栋梁艳桃李,吟赞英烈傲骨坚。
>
>津卫学子恩情重,豫乡门生情丝连。
>
>与时俱进随潮涌,永和芳华结姻缘。

韩松再回诗:拜读老师和诗非常感动,再写几句打油诗致谢:

>峥嵘岁月恍如烟,如椽诗笔话当年。
>
>历历在目动桃李,风流儒雅勤且坚。
>
>师恩如山比山重,津豫难阻心相连。
>
>抚今追昔泪泉涌,今生永葆师生缘。

孙中元赋诗:读老师、韩松和诗,有感而发,亦赋诗一首:

>师生酬韵谱诗篇,遥现堂前授业间。
>
>迟暮之年多灿烂,夫吟徒咏津豫牵。
>
>园丁心衔春意暖,桃李枝头蓓蕾添。
>
>矫健体魄期如许,逍遥自在享天年。

下午4点,我又发帖:这两天二班群热闹非常,场面火爆,赋诗行文不断,"好、棒、赞、有才、给力、厉害、有意思、太感动、太好了"等表情动画连篇,令人眼花缭乱,心潮澎湃,老顽童我激动难抑,放喉嘶喊:

中央有"空中剧院",二班有"网络课堂"。

剧院中好戏连台,课堂上教学相长。

撒贝宁经典流传,孙中元蓓蕾韵添。

董卿吟诗词大会,韩松唱师生相连。

朱军讲艺术人生,永华咏坚如石磐。

开讲欢乐中国人,二班师生享天年。

2018年4月2日

作者与天津市辛庄中学1973届三年二班学生毕业留念(上数第二排右一为作者)

渔歌子·承诺
——点评 2018 年 5 月 2 日中央电视台《欢乐中国人》节目

万氏沙河摆渡船,

分文不要村民钱。

从清末,

至今天,

百四十载五代传。

附注:万氏,万作柱,1887 年至今,万氏一家五代传承,为村民义务摆渡过河。

2018 年 5 月 12 日

赞舞神陈爱莲
——点评鲁菊梅帖频《78 岁老奶奶跳〈天路〉,太优雅,太美……》

舞蹈女神陈爱莲,
七十八岁仍在演。
人间舞台唱《天路》,
云端嫦娥舞蹁跹。

2018 年 5 月 20 日

咏赞无龄感
——点评刘复兴转帖《刚出来的一个新词——无龄感》

新潮时尚无龄感,童年心理青年身。

紧跟时代学新知,漫游世界览奇闻。

吃喝玩乐随心意,愉度人生没憾痕。

米茶里寿不觉过,潇洒风流忘龄人。

2018 年 5 月 29 日

说戏
——点评韩松转帖《读点有趣诗，做个有趣人》

此帖荟萃十八题，雅俗共赏好文笔。读罢手痒跟打趣，以数名诗唱戏曲：

十字坡武松打店，九江口定边撑船。
八大锤合击文龙，七星灯欲斩魏延。
六月五义护忠良，四士三岔赞清官。
二进宫会李艳妃，一箭仇报晁盖冤。

附注：此诗涉及十出京剧，分别是《十字坡》《九江口》《八大锤》《七星灯》《六月雪》《五人义》《四进士》《三岔口》《二进宫》《一箭仇》。

2018年6月2日

浣溪沙·赞叶嘉莹先生
——点评韩松转帖《94 岁裸捐 1857 万,她是中国最后一个穿裙子的先生》

大家诗词叶嘉莹,
游学四海教众生,
终身成就真明星。

裸献积蓄设迦陵,
长催后辈奔前程,
唯祈叶士永高龄!

附注:叶嘉莹,号迦陵。

2018 年 6 月 7 日

赞《老年儿歌》
——点评陈淑华转帖《老年儿歌》

老年儿歌好文笔,一韵到底甘如饴。
道理正确语言美,感情纯真思义的。①
热爱生活日日乐,怜惜时光年年怡。
试于世间比幸福,古今中外谁能敌!

2018 年 6 月 28 日

---

① 的,音 dí,真实、实在。

乔羽赞歌
——点评韩松转帖《这位感动中国人60年的91岁词神》

词海荡桨六十年,经典歌曲咏流传。
"我的祖国""东方红","青春世界"唱"牡丹"。
"难忘今宵""热心肠","我爱中华"常"思念"。
"心中常驻芳华"梦,"最美夕阳"映乔仙。

2018 年 8 月 11 日

如梦令·姊游北海
——为甥女笑冰陪伴其母游北海公园题照

姐姐,笑女,昕婿,
塔白树绿水碧。
琴弦竖湖边,
咏唱八旬回忆。
回忆,
回忆,
苦尽甘来如戏。

2018 年 8 月 27 日

一点春·坝上咏
——点赞韩松帖频《天津直达坝上的旅游专线开通》

树绿沙丘陵,
花红塞坝原。
艰难奋斗六十载,
荒野秃漠变江南!

2018 年 9 月 23 日

家庭聚餐口占

  2018年10月4日晚,全家四代24人在萧记烩面馆聚餐,席间口占一首以作纪念。

周氏四代大聚会,
老少合计廿四位。
适逢国庆六十九,
阖家举杯喝个醉。

2018年10月4日

川豫行（五首）

一

晨曦九时出成都，

午后三点抵管城。

入住锦江大酒店，

八间标房同一层。

二

亚伦佳作刊《收藏》，白鸥影集《豫乡像》。

相聚热议编家谱，男女平等立新章。

父母子女媳与婿，佳历优绩均表彰。

世世代代齐努力，辈辈人人题家榜。

三

声震天中巍鼓楼，

无远弗届鼓钟吼。

御河两岸溢光彩，

西司夜市品酒肉。

四

何旻虹辰摆婚台，

舅奶全家汴京来。

觥筹交错饮喜酒，

相互祝福享康泰。

五

十月七日离郑州，

满怀喜悦返蓉城。

后会有期来年见，

或在蜀都或豫京。

2018 年 10 月 8 日

2018 年姐弟们在郑州锦江大酒店研讨周氏家谱时合影

改革颂

离退休党支部举行"改革开放四十年座谈会",余在会上朗读新作《改革颂》。

改革开放四十年,华夏旧貌换新颜。
小岗破水蹚富路,深圳兴涛荡山川。
海南弄潮特区岛,浦东逐浪彩云天。
复兴高铁腾陆地,神舟飞船转宇寰。
蛟龙下潜渊洋底,港澳桥架海空间。
点赞四届好领导,科技兴国美名传。

2018 年 11 月 18 日

叠字诗仿作三首
——点评韩松帖《这些叠字诗，让人忍不住想背下来》

泰山日出
银光闪闪，

金光窜窜；

红光满满，

人群欢欢！

澳洲月升
月出缓缓，

冉冉上攀；

快快赴澳，

吻吻月仙！

思念第二故乡
时时想津南，

刻刻念二班。

棒棒辛庄镇，

美美故乡园！

2018 年 12 月 3 日

谢敏生

  学生杜敏生每晨为我发送微信《来了！新闻早班车》，为此赋诗以表感谢。

冰峰玫瑰杜敏生，
日日不断送晨茗。
润肺清心新闻茶，
滴滴浸透师生情。

2019 年元旦

自勉

愉快拜拜前半生,
乐观开启新征程。
吃好睡好运动好,
直至归天葆年轻。

2019 年 1 月 18 日

赞《诫子书》
——点评韩松转帖《诸葛亮教子书纳入七年级语文课》

诸葛孔明诫子书,做人立身打基础。

下定报效国家志,终生廉洁尚俭朴。

淡泊宁静行致远,珍惜时间学刻苦。

才华广深无止境,完美一世传千古。

2019年1月22日

河南吟（两首）
——点赞笑冰转帖《老家河南》

一

中华发祥在河南,百家大姓占八三。
黄帝故里居新郑,道儒佛教起中原。
南乐仓颉造文字,漯河许慎编字典。
老子书写《道德经》,庄周创作《庄子》篇。
张衡发明"地动仪",沈括研著"梦溪谈"。
仲景拿手"伤寒论",毕昇擅长"活字版"。
元老挥笔"梦华录",择端泼墨"上河园"。
中国八大古都城,辉煌河南占一半。
郑州安阳作商都,距今三千八百年。
洛阳称都十三朝,开封为京七代连。
继业岳飞名武将,诸葛包拯好文官。
历代作家数十人,诗文词曲争斗艳。
韩愈古文唐宗首,杜甫诗歌誉圣坛。
钟嵘《诗品》兴评论,廷玉杂剧唱梨园。

二

古有从军花木兰,今出航天女刘洋。
二程理学誉神州,冯氏哲学传四方。
抗日英雄杨靖宇,威名震撼长白山。
铮铮铁骨吉鸿昌,吼声吓破敌人胆。

生驰沙场死尽孝,少林将军许世友。
兰考书记焦裕禄,顶风冒雨治沙丘。
亚萍国梁和朱婷,国际体坛拔头筹。
全省人口逾一亿,粮食产量连第一。
愚公移动王屋山,林县人凿红旗渠。
"感动中国"十七届,河南获奖十六名。
十届茅盾文学奖,豫有九位列其中。

附注:2002—2018年,十七届"感动中国"获奖的河南人有:张荣锁、任长霞、洪战辉、李剑英、魏青刚、谢延信、刘洋、王宽、王锋、武文斌、胡佩兰、李隆、王百姓、李灵、张玉滚、郑州陇海大院集体。荣获茅盾文学奖的豫籍作家和作品分别是:姚雪垠《李自成》(第二部),魏巍《东方》,李准《黄河东流去》,柳建伟《英雄时代》,宗璞《东藏记》,周大新《湖光山色》,刘震云《一句顶一万句》,李佩甫《生命册》,李洱《应物兄》。

2019年1月26日

黄金人生
——读韩松转帖《为什么说60岁后的20年是黄金时代?》有感

六十岁后二十年,堪称人生黄金段。
无牵无挂自由行,不折不扣遂心愿。
八旬过后莫停步,愉快抵达百岁关。
期颐矍铄奔二甲,黄金人生六十年。

2019年3月7日

己亥清明题姐照

米寿姐姐精神好，
白鸥伴随乐陶陶。
在天之灵均地哥,
重返人间聚新巢。

2019年4月5日

壶口瀑布

天下黄河一壶收，
汹涌波涛喷龙口。
星海指挥大合唱，
千军万马冲天吼。

2019 年 4 月 18 日

知青旧居

知青旧居接地气,窑洞一排山腰立。
敲打斗鼓咚咚咚,吹响军号嘀嘀嘀。
单枪挺立红缨甩,双刀飞舞白刃劈。
遥想当年一知青,而今中央总书记。

2019 年 4 月 19 日

知青村前擂战鼓

南泥湾

沿途路过南泥湾,
三五九旅垦荒田。
原是光岭秃山沟,
而今变成美江南。

2019 年 4 月 19 日

延安颂

革命圣地延安城,嘉岭宝塔昼夜明。
晓谕三军烽火台,山顶高楼可摘星。
红军长征落脚地,抗战解放新启程。
东渡黄河歼日寇,北跨长城灭顽冥。
自力更生大生产,冲破封锁衣食丰。
整风运动搞得好,彻底清算左右倾。
召开文艺座谈会,明确服务工农兵。
鲁艺抗大育人才,文武精英数无穷。
杨家岭堂举七大,西柏坡屋开二中。
八年苦斗驱倭鬼,三大战役逐蒋兵。
人民中国宣成立,延安精神万古青。

2019 年 4 月 21 日

延安留念

兄嫂金婚咏

　　三哥三嫂1961年结婚,迄今58年,喜见社区为之送去金婚福照,赋诗致贺。

兄嫂金婚又八年,业绩卓越献蜀川。
教授高级工程师,国务津贴享身边。
夫妻奋战大水库,造福社区黑龙滩。
秋丰秋收秋气爽,佑国佑家佑民欢。

2019年8月9日

作者与三哥三嫂

沁园春·欢庆国庆七十周年

人民中国,
七十华诞,
无限风光。
仰长空浩瀚,
神舟飞转;
月球缥缈,
玉兔巡岗。
港澳架桥,
蛟龙潜水,
高铁穿云驶远方。
抬望眼,
看一带一路,
结队出航。

世界第二经体,
系无数英杰勠力夯。
忆泽东领袖,
率众挺起,
小平接棒,
繁荣盛昌。
泽民锦涛,
近平核心,
开创强国新篇章。

朝前迈,
国庆期颐日,
更加辉煌!

2019 年 9 月 30 日

浪淘沙·斗癌

二月遭悲摧，
瘤进肺髓，
鳞胞肆虐痛胸围。
中西双管勠力治，
瘢块日微。

玉液疗化堆，
胶囊解维，
扫帚荡涤净污灰。
欣望有日创奇迹，
恶魔离飞。

2020 年 3 月

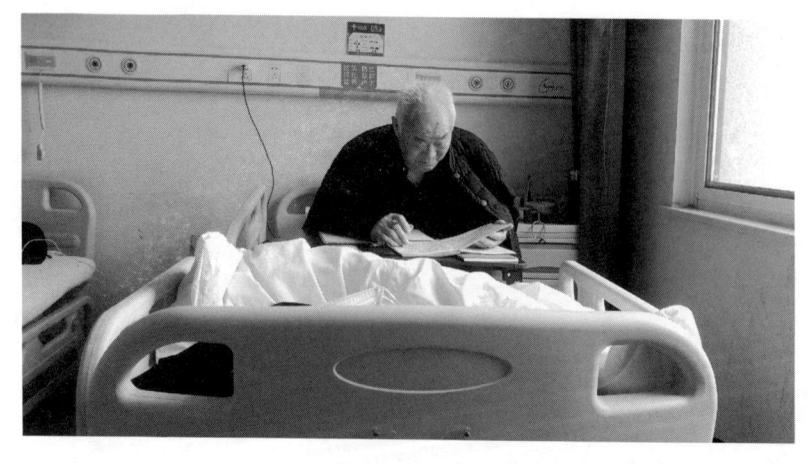

作者在住院治疗中坚持写作

江城子·赞钟南山、李兰娟

率队急赴江城关,

双神山,①

扎营盘。

八十有四,

七十又添三。

非典禽流和新冠,②

连征战,

冲在前。

及时发出警世言,

人互传,

封城圈。

严控精治,

举国报平安。

期待院士研新药,③

疫苗物,

治癌丹。④

2020 年 4 月

---

① 双神山,指雷神山、火神山医院。
② 2003 年非典、2013 年禽流感和 2020 年新冠肺炎三次战役,钟、李院士皆临阵应对。
③ 2020 年 1 月 28 日,李兰娟和她的团队成功分离出三株新型冠状病毒毒株,为疫苗的进一步研发奠定了坚实的基础。
④ 钟南山说他有两个心愿亟待实现:一是一定要把与国外合伙人共同研发了 26 年的抗癌药做出来;二是建设亚洲最大的心肺呼吸研究中心,打造一个产学研中心。

无　题

宰相撑船游海胸,抱怨后悔无影踪。
前半人生不复盘,只营幸福后半生。
自然年寿日益老,心理岁龄永年轻。
耄耋期颐平常数,开创生命新纪程。

2020 年 5 月

十六字令·题"地月合影"(三首)

一

天!
地月二球合影传,
惊拍距,
百二十万间!

二

天!
嫦娥松下舞蹁跹,
伴乐响,
"东方红"声绵!

三

天!
火星社会见眼前,
山水异,
高楼巅连巅!

2020 年 8 月 3 日